AVIS.

Les trois premieres lettres
de ce recueil ont été impri-
mées dans des feuilles périodiques, en 1775 & 1776. Nous
les donnons telles qu'elles s'y
trouvent. Les deux autres, à
leur date, ont paru manufcri-
tes, & depuis cette époque ces
manufcrits font à Paris, dans
les mains d'hommes très-gra-
ves. Nous ajoutons feulement
ici l'hiftorique des unes & des
autres. L'objet que traitent ces
lettres, quoiqu'ancien autant
que le monde, paroîtra noùveau
dans ce fiecle, & par-là même

A 2

piquera la curiofité. L'auteur,
comme on le verra, ne garde
point l'anonyme. Si fa philofophie eft de la bonne philofophie; fi, comme il y a apparence, elle ne fouffre point de
réplique, ces lettres doivent
opérer dans les idées une étrange
révolution.

LETTRES

MAGIQUES,

OU

LETTRES

SUR LE DIABLE.

PAR M***

Suivies d'une piece curieuse.

..... Faciee non omnibus una
Nec diversa tamen, qualem decet effe
fororum. Ovid.

EN FRANCE.

1791.

LETTRE Iere.

Imprimée dans le Journal ecclésiastique,
du mois de Janvier 1775, p. 48.

MONSIEUR,

LE doute méthodique, telle est la route certaine qu'un Philosophe célebre a tracée à tous les hommes pour atteindre le vrai. Rien de si commun aujourd'hui que l'opinion qui nie la possibilité de la Sorcellerie. Certains Journaux & Feuilles périodiques la répandent par-tout cette opinion; elle est devenue celle du Peuple, comme celle des Grands, & il est peu de personnes qui ne badinent de la crédulité de nos bons aïeux sur ce singulier chapitre. Mais ici, Monsieur, la raison souscrira-t-elle? c'est une autre affaire, c'est ce que l'on doit se garder d'assurer, c'est un point qui demande discussion, & peut faire naître dans un esprit vraiment philosophe des doutes utiles & bien fondés.

Qu'est-ce qu'un Magicien ou Sorcier? c'est sans contredit un homme qui opere par le moyen du Démon ou des mauvais génies.

Afin donc de prouver que l'existence d'un être pareil est impossible, il faut prouver au moins l'une de ces trois chofes. 1°. Qu'il n'y a point de Démons, 2°. qu'ils ne peuvent avoir avec les hommes aucune communication, aucun commerce. 3o. Qu'ils n'ont point de pouvoir fur la terre pour nuire & faire le mal, ni dans le phyſique ni dans le moral.

Tout raifonnement qui fort de ce cercle fur ce fujet, ne touche pas à la queſtion, ne peut produire qu'un vain bruit ; & tant que ces trois propoſitions ne feront pas démontrées, ou plûtôt dès qu'on aura démontré les propoſirions contraires, ce qui eſt très-faci'e, il en réfultera néceſſairement que l'exiſtence d'un vrai Sorcier eſt très-poſſible.

Auſſi, Monſieur, les meilleurs efprits, ces hommes que le préjugé, les clameurs ne fubjuguent pas, qui favent fe rendre compte en tout de leurs doutes comme de leur croyance, n'ont fait aucune difficulté d'admettre la poſſibilité de la Sorcellerie.

J'ouvre l'Encyclopédie & je trouve au mot *Sorcier*, qu'on en établit non-feulement la poſfibilité, mais la réalité même, fur des raifons qu'on ne refuteroit pas ailleurs, dans le même ouvrage, quand on le voudroit, tant elles font folides.

On y dit fort au long, j'en conviens & rien n'eſt plus vrai, qu'il faut prendre garde de fe livrer aux délires de l'imagination dans cette matiere, qu'on ne doit pas croire aifément aux maléfices, que quelquefois on s'eſt fervi de ce prétexte

pour accabler des innocents (*a*) On y trouve ces maximes très-philofophiques , p. 370 , au commencement de la 2. col. » Ajouter foi trop légére-
» ment à tout ce qu'on raconte en ce genre, &
» rejetter abfolument tout ce qu'on en dit , font
» deux extrêmes également dangereux. Exami-
» ner & pefer les faits , avant que d'y accorder
» fa confiance, c'eft le milieu qu'indique la rai-
» fon ».

Mais d'un autre côté on examine auffi, on difcute, on raifonne, on rapporte des faits ; des exemples, des autorités, & parmi ces faits , un fur-tout eft frappant & mérite attention , de quelque maniere que l'encyclopédie le préfente : c'eft celui d'un nommé *Trois-Echelles* qui exifta fous Charles IX.

On dit de cet homme d'après *Bayle* ou plutôt Bayle lui-même cité par les Auteurs, p. 371 , vers le milieu de la 2. col. dit : » il y apparence
» que *Trois Echelles* étoit réellement *Sorcier* ,

(*a*) Debure, l'aîné, a imprimé en 1747 un examen critique de *l'Hiftoire des Diables de Loudun*, vol. in-12 , où il eft démontré , quoi qu'on en penfe aujourd'hui, que le trop fameux *Grandier* entretenoit véritablement un commerce magique. Cette hiftoire critiquée & refutée eft de *Saint-Aubin*, Calvinifte, Impofeur mal-adroit, qui a fervi de guide à *Gayot du Pitaval* & à tous ceux qui depuis ont voulu juftifier *Grandier* du crime de magie.

» & que la plupart de ceux qu'il accufa, ou ne
» l'étoient que par imagination, ou ne l'étoient
» point du tout. Quoi qu'il en foit, *Trois-Echel-*
» *les* profita mal de la grace que lui avoit ac-
» cordée le Roi, & retomba dans fes premiers
» crimes puifqu'il fut fupplicié ».

Je dis, Monfieur, que fous quelque jour que
l'Encyclopédie préfente ce fait (& elle ne le don..e
que pour mettre en garde contre la trop grande crédulité fur l'article de la Sorcellerie, vu que *Trois-*
Echelles accufa de ce crime douze cents perfonnes,
nombre bien fort) cependant il eft frappant par
lui-même & par fes circonftances.

Obfervez d'abord cette réflexion bien remarquable, *il y a apparence que Trois-Echelles étoit*
réellement Sorcier. Si Bayle a porté ce jugement,
& fi les Encyclopédiftes l'ont adopté, il y avoit
pour ces Meffieurs dans le fait perfonnel de *Trois-*
Echelles plus que de l'apparence ; on peut dire
fans témérité qu'il y avoit de l'évidence, & cette
évidence, en effet, y eft auffi.

C'eft *Bodin* qui dans fa Démonomanie a écrit
l'hiftoire de *Trois-Echelles.* Quelque crédule,
quelque fuperftitieux qu'on le fuppofe, il ne peut
en impofer : il eft contemporain, il écrit un fait,
il écrit fous les yeux de ceux qui l'ont vu & qui
en ont été les témoins : il dit que *Trois-Echelles*
fit en préfence du Roi & de la Cour des chofes fort
extraordinaires qu'il détaille, *chofes impoffibles à*
la puiffance humaine, qu'il ne put donner raifon

apparente de ce qu'il faisoit, qu'il avoua qu'il agissoit par l'aide & l'intervention du Démon. Bodin dit ailleurs dans le même traité qu'on ne lui avoit fait aucune violence, aucune menace qui pût le forcer à se dévoiler, que la Cour n'avoit prétendu d'abord que rire & s'amuser de ses tours, que le Roi lui fit grace; qu'il fut renvoyé; qu'il ne put cependant finir son commerce avec les Démons, & que quelqu'envie qu'on eut de le sauver, il fallut en venir à le faire mourir. (en 1571.)

Voilà un fait que j'appelle frappant dans toutes ses circonstances, & ce sont ces circonstances sans doute qui ont fait prononcer à Bayle (*a*) qu'il y avoit apparence que *Trois-Echelles* étoit réellement Sorcier.

Vous voyez, Monsieur, que quand elle ne le voudroit pas, l'Encyclopédie établit plus que la possibilité, puisqu'elle démontre la réalité même des Sorciers, dans le fait seul qu'elle rapporte de *Trois-Echelles*.

Il y a plus : non-seulement dans l'Encyclopédie on veut établir, mais on établit évidemment l'une & l'autre sur les fondemens, comme je l'ai dit, les plus solides. On forme des raisonnemens san réplique, on présente de puissants motifs de crédibilité, des exemples connus, des autorités qu'on

____

(*a*) Voyez *Réponses aux questions d'un Provincial*, t. 2, p. 603, Edit. 1717. in fol.

A 5

ne peut récuser. On cite le témoignage de toutes
les Nations, des Païens, de plusieurs Historiens
très-véridiques, de Tacite, de Suetone, d'Ammien-Marcellin, qu'on n'accusera pas, dit-on,
p. 369, col. 2, « d'avoir adopté aveuglément &
» faute de bon sens ce qu'ils racontent des opé-
» rations magiques ». On appelle aux Ecrivains
Eccléfiastiques les plus respectables, aux décisions
des Conciles, aux ordonnances de nos Rois, &
entre autres de Charles VIII, en 1490, de Charles IX, en 1560 & de Louis XIV, en 1682 ;
aux Jurisconsultes, aux hommes les plus célebres
que l'Angleterre ait produits depuis un siecle,
c'est-à-dire, à Messieurs Barrow, Tillotson,
Stillingfleet, Jenkin, Prideaux, Clarke, Loke,
Vossius, &c. On rapporte ces passages de *Mal-
branche*, Recherche de la Vérité, l. 3, c. 6. « Je
» ne doute pas qu'il ne puisse y avoir des Sor-
» ciers, des charmes, & des sortileges, & que
» le Démon n'exerce quelquefois sa malice sur
» les hommes par la permission de Dieu....
» Il est sans doute que les vrais Sorciers méri-
» tent la mort. » Enfin on dit formellement,
» p. 370, vers la fin de la premiere col. Il
» seroit insensé de ne pas croire que quelquefois
» les Démons entretiennent avec les hommes,
» de ces commerces qu'on nomme Magie ».

Du Code Philosophique, Monsieur, passez
maintenant à un autre plus grave ; aux Registres
de la Faculté de Théologie de Paris, vous y verrez

foutenir hautement la poffibilité de la Sorcellerie, c'eft-à-dire du commerce avec les Démons, la vérité même des effets qui fouvent en ont réfulté ; vous y verrez que cet art infernal peut être porté, finon jufqu'à forcer l'homme de vouloir ou défirer telle ou telle chofe, *du moins jufqu'à le féduire & lui infpirer des penfées (a), des defirs, & des actions contraires à la faine raifon & au bon ordre.*

En 1398, cette faculté fit fur cette matiere un Décret de vingt-huit articles, dont voici le dix-huitieme.

Quod per tales artes & ritus impios, per fortilegia, per carmina & invocationes Dæmonum, per quafdam incantationes & alia maleficia nullus unquam effectus minifterio Dæmonum fubfequatur Error.

Quelques perfonnes alors s'appuyant fur certains textes de l'Ecriture mal entendus, tels que celui-ci, *cùm Diabolus jam mififfet in cor, &c....* pour foutenir que le Diable pouvoit ôter la liberté, les Docteurs affemblés firent dans le même décret l'Article fuivant, qui eft le quinzieme.

Quod poffibile eft per tales artes cogere liberum hominis arbitrium ad voluntatem feu defiderium, Error.

(a) Voyez Méfenguy, Abregé de l'ancien Teftament Tom. 2, *in-12.* Edit. 1737. p. 56.

Les Canonistes d'ailleurs fuppofent comme chofe très-certaine, que l'effet du mariage, par exemple, peut être empêché par opération magique.

Le Canon fuivant qui fe trouve *in Decreti* 2a. *parte C. 33. quæst. I.* peut feul en fournir la preuve.

Si per fortiarias atque maleficas artes, occulto fed nunquam injusto judicio Dei, permittente & Diabolo præparante, concubitus non sequitur, hortandi funt, &c.

Laiffons-là le témoignage des Hiftoriens profanes, de Tacite, d'Ammien-Marcellin, de Suetone & de mille autres. Ce dernier cependant ne croit pas qu'on puiffe douter de la réalité des dévouemens au Démon, des maléfices & fortileges: il fuffit pour s'en convaincre de lire ce paffage, où il eft queftion de *Germanicus :* c'eft au commencement de la vie de Caligula.

Obtrectatoribus etiam.... ita lenis & innoxius fuit ut Pifoni... non prius fuccenfere in animum induxerit quam veneficiis quoque & devotionibus impugnari fe comperiffet.

Après cet expofé, Monfieur, vous ferez furpris fans doute, qu'à l'Article *Sorcellerie*, Article au refte fort fuperficiel & fort court, qui précéde immédiatement celui *Sorcier*, on répande le ridicule fur ceux qui y croient ou qui y ont cru, & que l'on veuille introduire à cet égard une parfaite incrédulité ; mais vous le favez, des mots ne font pas des chofes : il faut des motifs pour ne croire pas comme pour croire, & l'incrédulité que l'on préconife ici, n'eft ni ne fera jamais motivée. On peut dire de ces deux Articles de l'ouvrage Encyclopédique, que c'eft le pot de terre & le pot de fer. Le fecond brife abfolument le premier. Dans l'un c'eft la raifon, la faine philofophie qui élevent la voix, & leur langage fe fera toujours entendre à tous les fiecles, à toutes les Nations; vous trouverez dans l'autre le ton tranchant du jour, une déclamation vuide, des mots, des phrafes, & rien de plus, & ce vuide, l'Auteur du fecond article l'a fûrement fenti ; il femble n'avoir eu en vue que de combattre ce qu'a avancé fon collegue, & en effet, dès les premieres lignes il le détruit abfolument.

Et voici, Monfieur, ce que j'appelle *des mots* à l'Article *Sorcellerie*, & ce que l'on peut donner à tous les Rhéteurs préfents & à venir comme le plus parfait prototype d'une *phrafe* ; lifez p. 369, vers le milieu de la premiere col. « Le fameux » Curé *Gaufredy*, brûlé à Aix en 16·1, avoit » avoué qu'il étoit Sorcier & les Juges l'avoient » cru ».

Pourquoi d'abord les Juges n'auroient-ils pas cru en 1611 ce qui avoit été démontré en 1571, favoir, la poffibilité d'un vrai Sorcier?

Ab actu ad poffe valet confequentia. Il y avoit eu un vrai Sorcier en 1571, donc quarante an après il pouvoit en exister un autre; donc, pour le dire en passant , il peut y en avoir encore aujourd'hui en 1774. *Ab actu ad posse valet conséquentia.* En second lieu , qu'est-ce qu'un homme qui dans le dix-septieme siecle avoue qu'il est Sorcier , quoiqu'il ne le soit pas , avant de subir aucune torture, lorsque toutes les apparences sont pour lui , qu'il est généralement estimé , puissamment soutenu, qu'il lui est aisé, s'il est innocent, de faire voir son innocence, qu'il n'y a contre lui ni intrigue , ni passion , ni manœuvre ? c'est un être de raison , un être chimérique.

Consultez , Monsieur , l'histoire de *Gaufrédy*, vous verrez que son procès fut fait dans les meilleures formes, par les Juges les plus intégres, les plus éclairés , Commissaires députés du Parlement d'Aix, sans avoir été interrompu un seul jour pendant trois mois consécutifs , avec le concours des deux Justices , Ecclésiastique & Civile, que la force seule de la vérité & du prodige avoit appelées. Vous direz après cela , si vous concevez la stupidité que l'on suppose , tant dans l'accusé que dans les Juges , si un être aussi stupide n'est pas une chimere , & si la ligne de l'Encyclopédie sur *Gaufrédy* n'est pas une *phrase.*

Mais la raison n'étoit pas née : elle attendit encore , nous dit la ligne suivante , 6x ans pour éclorre.

Du reste , qui ne sait que l'ignorance & la superstition attribuerent souvent à la magie des

opérations que des hommes adroits & laborieux
ne devoient qu'à une profonde Physique, c'est-
à-dire, à une science étendue des secrets de la
nature. Suit-il de là que d'autres hommes n'aient
jamais pu avoir aucun commerce avec les Démons,
ni opérer par leur moyen aucun malefice, aucun
prodige ? non , il en faut conclure seulement
qu'on devroit aujourd'hui regarder comme un vrai
Sorcier, un homme qui, ainsi que *Trois-Echelles,*
produisant quelque merveilleux effet, n'en pourroit
rendre aucune raison physique & plausible : ce
seroit à bon droit que l'on soupçonneroit un être
pareil d'avoir quelqu'intelligence avec le Démon
qui, par parenthese, est à-coup-sûr un grand
Physicien ; & pourquoi, Monsieur, ne croiroit-on
pas à l'existence des Démons ? quelle raison pourroit
en empêcher ? écoutons M. de Voltaire.....
« Telle est la doctrine des anciens Brachmanes
» qu'ils enseignent encore depuis environ cin-
» quante siecles. Nos Marchands qui ont trafiqué
» dans l'Inde n'en ont jamais été instruits. Nos
» Missionnaires ne l'ont pas été davantage, &
» les Brames qui n'ont jamais été édifiés ni de
» leur science, ni de leurs mœurs, ne leur ont
» point communiqué leurs secrets. Il a fallu qu'un
» Anglois, nommé M. *Holwel,* ait habité trente
» ans à Benarez, sur le Gange, ancienne Ecole
» des Brachmanes, qu'il ait appris l'ancienne
» Langue sacrée du *Hanscrit* & qu'il ait lu les
» anciens livres de la Religion Indienne, pour

» enrichir enfin notre Europe de ces connoiffances
» fingulieres ...

C'eft ainfi que s'exprime M. de Voltaire dans
le premier volume des Queftions fur l'Encyclopédie (page 319.) Après avoir rapporté les cinq
Chapitres du *Shafta*..... Et quel eft donc,
Monfieur , le fujet de cette belle exclamation ?
que nous apprennent ces connoiffances précieufes
dont parle M. de Voltaire ? elle nous apprennent
que Dieu a créé des Anges dont les uns lui font
reftés fideles , & les autres *immémorans du bonheur
de leur création & de leur devoir , rejetterent le
pouvoir de perfection , & exercerent le pouvoir
d'imperfection* , (page 316.) pour lui défobéir &
furent enfuite *précipités du lieu éminent dans le
lieu de ténebres , dans l'ondéra pour y être punis ,*
&c. p. 317.

Voilà , Monfieur , la Doctrine que M. de
Voltaire admire avec raifon , & qu'il prétend
avoir été mieux connue des Indiens , des Perfes,
& des Chaldéens, que des Juifs même , puifque
*les Hébreux , felon lui , ne connurent jamais la
chute des Anges jufqu'aux premiers temps de l'Ere
Chrétienne* , (p. 320.) & qu'avant la captivité
de Babylone ils ne furent le nom d'aucun d'eux.
(p 322.) Mais quant au premier point fur-tout ,
M. de Voltaire fe trompe : ces Efprits céleftes
s'étant fouvent communiqués aux hommes dans
es premiers fiecles , tant qu'ils garderent une
certaine innocence, la tradition de leur exiftence

ſe tranſmit également à toutes les Nations ou Saintes ou Idolâtres, & Moyſe, ainſi que tout le peuple Hébreu, n'a jamais pu voir autre choſe qu'un des Eſprits méchants & dégradés, dans le Serpent qui trompa Eve, eſprits dont Dieu ſans doute lui avoit dès long-temps révélé la chute ou la déſobéiſſance, quoiqu'il ne parle pas expreſſément de cette chute dans les livres de ſa Loi. La croyance aux Démons n'a donc rien qui répugne, & peut être admiſe ſuivant M. de Voltaire même.

Que penſer après cela, Monſieur, du ton hardi dont on aſſure aujourd'hui que la Sorcellerie eſt impoſſible, que tout ce qui s'eſt jamais débité ſur ce ſujet n'eſt que chimere? Que veulent dire l'eſpece de fanatiſme avec lequel on ſoutient cette opinion, les ris, les clameurs dont on accueille ceux qui oſent dire que l'on pourroit bien ſe tromper, que la Nation là-deſſus pourroit bien être abuſée? Un vrai Philoſophe, un eſprit ſain & judicieux en conclura ſans doute que ce fanatiſme eſt *ſuſpeɛt*, que cette incrédulité eſt ſotte & aveugle, *que l'objet mérite l'attention de tous ceux qui par état doivent travailler au bien public* (a).

____

(a) Voyez le Traité de la Police de Delamare tome premier, Liv. 3. Tit. 7, & les Remontrances du Parlement de Rouen à Louis XIV, en 1670, réimprimées chez *Debure* en 1737, dans l'examen & diſcuſſion critique de l'hiſtoire des diables de Londun, dont il eſt parlé ci-deſſus.

Je dois cependant vous faire obſerver, Monſieur, qu'au mot *Sortilege* (p. 382.) le Dictionnaire Encyclopédique dit, qu'il n'appartient qu'aux *Théologiens de traiter une matiere ſi délicate :* mais faut-il pour cela être Théologien *ex profeſſo* & par état ? ce n'eſt pas là ſans doute ce qu'entend l'Encyclopédie. Et en vain objecteroit-elle avec M *Ayrault*. p. 372, *qu'il n'y a que des ſtupides, des payſans & des ruſtres qui ſoient Sorciers,* & que ceux que l'on ſuppoſe l'être ſont communément *fort mal partagés du côté des lumieres de l'eſprit & des biens de la fortune.*

Il eſt aiſé de répondre à cette objection frivole, que s'il exiſte des Sorciers bien partagés de ce côté là, leur eſprit les met à l'abri, ainſi que leur fortune, & leur ſert ſûrement à couvrir leur jeu, reſſource que n'auroient pas des ſtupides, des payſans, & des ruſtres : c'eſt pourquoi ceux-ci ſeroient plus aiſément connus & découverts.

Quant à la *raiſon ſatisfaiſante* que demande l'Encyclopédie, au même endroit, de la ceſſation du pouvoir des Sorciers, dès qu'ils ſont entre les mains de la Juſtice ;

A ſuppoſer que cette ceſſation ſoit vraie ou ait eu lieu, ceux qui connoiſſent les voies admirables de la Providence, la force du trouble de la conſcience dans un ſcélérat devant ſes Juges & la traitriſe, ſi je puis ainſi parler, des Démons, l'auront bientôt donnée.

Enfin, s'il ne se trouve point de Sorciers dans les Jurisdictions où l'on ne croit pas à la Sorcellerie, la raison en est bien simple, c'est que ce crime ténébreux n'y subit aucune recherche.

J'ai l'honneur d'être, &c.

à *Dijon*, *le* 20 *Novembre* 1773.

La lettre que l'on vient de lire, fut portée par l'auteur en 1774, à feu M. *Fréron* qui la reçut fort bien, & voulut l'insérer dans son *année littéraire*. Il l'avoit en effet donnée à l'imprimeur, avec un petit commentaire de sa façon, où il s'egayoit à son ordinaire sur l'incrédulité de nos beaux esprits, & les perpétuelles contradictions qui font l'ornement de *l'Encyclopédie*. Mais M. le censeur n'ayant pas porté le même jugement que M. Fréron, c'est-à-dire, ne regardant pas cette pièce comme assez littéraire, ni assez orthodoxe pour avoir place dans la feuille, il l'en élimina sans miséricorde, & M. Fréron se vit obligé d'y substituer très-promptement un remplissage, savoir un fragment de *Tacite* qui ouvre le N° 6. Tom. 2, 1re Lettre, année 1774, suivi d'une lettre de *Piron* à feu M. l'Abbé Mall. de Dijon, le tout depuis la page 3 jusqu'a la 14, inclusivement ; c'est ce qu'on a appris dans le temps, de M. Fr. lui-même.

Il n'étoit guere d'usages alors qu'un journal

rendit compte d'un autre journal, il falloit pour cela des raisons qui en valuſſent la peine. Comment donc s'eſt-il fait que la précédente lettre, ſimple & ſans prétention, qu'une lettre qui ſembloit devoir être oubliée, (comme étant *inhumée*, pour parler le langage de Freron, non au Mercure, mais ce qui eſt encore pis, au journal eccléſiaſtique que le monde ne connoît pas) ait mérité d'un illuſtre membre de l'académie des ſciences les honneurs de la critique? Que l'on ouvre *le journal des ſavans*, (mai 1775,) article *des nouvelles littéraires*, p. 241, on y trouvera la notice ſuivante faite par un des collaborateurs, mais qu'il n'avoit pas communiquée à ſes collegues.

« Quoique nous ne ſoyons pas dans l'uſage d'annoncer des journaux qui ſouvent ne ſont qu'un démembrement du nôtre, par la nature des objets qui y ſont traités, nous croyons devoir excepter celui - ci, (*le journal eccléſiaſtique*), qui a un objet trop limité, trop différent de tout autre, & qui paroît néceſſaire à un trop grand nombre de perſonnes.

Ce premier volume (Janvier 1775), préſente d'abord une diſſertation fort curieuſe de M. L. C. *Rondet*, qui eſt très-connu par ſa vaſte érudition. La queſtion qu'il examine, &c.

. . . .
. . . .

« On trouve enſuite une ſuite de l'analyſe de

» l'épître aux Hébreux . . . . .Une let-
» tre fur les religieufes chartreufes, & une au-
» tre où l'on s'efforce de prouver la poſſibilité
» & même l'exiſtence des Sorciers, &c..... On y
» compte beaucoup fur un mot que *Bayle* a eu
» la foibleſſe de dire à l'occaſion de *Trois Echelles*
» qui fut brûlé en 1572, *qu'il y a apparence*
» *que Trois-Echelles étoit réellement Sorcier*, &
» fur l'ufage qu'on en fait dans l'article *Sor-*
» *ciers*, de l'Encyclopédie. On cite plufieurs phi-
» lofophes qui, à la vérité, n'étoient pas des phyſi-
» ciens, & qui vivoient dans des fiecles d'igno-
» rance, où des fripons adroits avoient beau jeu
» & étonnoient affez le vulgaire, pour parvenir
» à fe faire brûler comme Sorciers. Tel eût été
» peut-être le fort de *Comus* ou de *Jacques Droz*,
» dont nous avons annoncé les automates fin-
» guliers, fur-tout le petit enfant qui écrit tout
» ce qu'on lui dicte fans que perfonne y touche.

C'eſt cette critique de M. D. L., de l'académie
des fciences qui a donné lieu à la lettre fuivante.
Voici le jugement qu'en a porté la gazette ecclé-
» fiaſtique du 24 mai 1776. Cette lettre fignée
» *l'Abbé Fiard*, qu'on croit être un ex-jéfuite,
» prouve *démonſtrativement* que *Bayle* même a
» cru très-réel l'art de la Sorcellerie ».

LETTRE IIme

Imprimée dans le Journal de Verdun.
Février 1776.

ECLAIRER, Monsieur, l'humanité, lui être utile, tel est sans doute le but de vos veilles & ce but élevé chaque mois, confirme que vous savez l'atteindre. Cependant cette fonction que vous vous êtes imposée, & que vous remplissez si glorieusement, vous a-t-elle mis au-dessus de la condition humaine? Vous rend-elle supérieur aux préjugés, à l'erreur? Le respect pour une opinion même fausse & mal fondée, mais à la mode, ne peut-il vous animer & dicter vos jugemens? C'est-là un foible dont les plus sages souvent se gardent à peine, & si vous m'en demandez la preuve, je la trouverai dans votre Journal de Mai dernier.

Vous y dites à la page 942, dans les Nouvelles Littéraires, que « l'on s'efforce, dans une » Lettre du *Journal Ecclésiastique* de Janvier » de cette année 1775, *de prouver la possibilité* » *& même l'existence des Sorciers; que l'on compte* » *beaucoup sur un mot que Bayle a eu la foi* » *blesse de dire..... sur l'usage qu'on en a fait* » *dans l'article Sorcier de l'Encyclopédie,* en-

» fin que *l'on cite*, apparemment pour appuyer
» le sentiment qui admet cette possibilité, *plu-*
» *sieurs Philosop es qui n'étoient pas des Phy-*
» *siciens & qui vivoient dans des siecles d'igno-*
» *rance*...

Permettez-moi de vous dire, Monsieur, que
ce peu de mots montre assez que vous tenez encore
beaucoup au préjugé & que, comme la plupart
des hommes, vous sacrifiez à l'opinion.

D'abord, pour prouver la possibilité & l'existence, au moins passée, de ces êtres qu'on
nomme *Sorciers*, c'est à-dire, communiquans
avec les démons, il ne faut pas un grand effort.
S'il n'y avoit point de démons, si les païens
eux-mêmes n'en avoient pas reconnu, s'il n'étoit
pas démontré par des faits incontestables que ces
esprits méchans ont du pouvoir, qu'ils recher-
chent l'homme pour le tromper, pour le surpren-
dre, pour lui nuire, pour perdre l'un par l'autre, qu'ils sont jaloux de son culte, si ces faits
n'étoient consignés dans les plus précieux dépôts,
dans les fastes de la Religion, les Annales des
Nations, les greffes de tous les Tribunaux, les
registres de toutes les Cours, s'ils n'avoient pas
pour eux le suffrage de la raison qui ne voit
rien dans ces faits de répugnant, rien au contraire dans le commerce de certains hommes
avec les démons, que de possible, de vraisem-
blable, si, dis-je, tout cela n'étoit pas, l'on con-
çoit qu'il faudroit de grands efforts pour prouver

la possibilité des Sorciers, & l'entreprendre, seroit une folie : mais malheureusement tout cela
est & cela n'est que trop.

Que l'on soit donc incrédule aujourd'hui sur
cet article au point où on l'est, me direz-vous,
que l'on se trompe ou que l'on soit trompé si
étrangement , à quoi l'attribuer, à qui s'en
prendre ?

Cette incrédulité, Monsieur, a bien des cau-
ses. Je pourrois les déduire ici. La premiere, &
ce ne seroit pas la moins recevable, c'est le dé-
périssement sensible de la religion , dépérisse-
ment , prenez - y garde , que l'on apperçoit
par-tout, même dans ceux que leur état oblige
à l'empêcher. La seconde est évidente ; elle est
prise de nos jours, de la situation actuelle des
Sciences : vous la goûterez. Rappellez-vous ce
mot, Monsieur, *trop de lumiere éblouit.* On a
fait en physique de nouvelles découvertes, on
a porté fort loin la connoissance de la nature,
de ses opérations, de ses forces ; on a perfectionné
certains agens qu'elle emploie , les instrumens
d'optique, de Méchanique ; sur la seule électricité,
que d'expériences singulieres ! donc, a-t-on dit
aussitôt, il n'y a plus rien d'étonnant. Ce que
nos peres appeloient *prodige*, ce qu'ils donnoient
à Dieu ou au Diable, ne fut jamais ni de l'un
ni de l'autre ; il faut le donner à la nature ou
à l'art, à l'industrie qui imitent la nature & souvent la surpassent. La nature & l'art, voilà les
gran

grands principes, les grands moteurs, les agens univerfels: rien n'eft au-deffus de leur pouvoir. Ainfi, Monfieur, l'on a conclu du particulier au général; de grands Phyficiens par le fecours de l'art font des miracles ou des efpeces de miracles; donc tous les miracles font de cet ordre, donc il n'y en a point d'autres; & vous favez en bonne logique comment on regarde cette conclufion.

Cette Lettre doit être courte; vous n'avez, Monfieur, écrit qu'une page fur ce qui en fait l'objet. Il ne faut que quelques pages pour vous répondre, les citations feules peuvent les multiplier. Si l'amour du vrai, le défir du bien regne en votre ame, comme on doit le croire, elles auront votre fuffrage. Je paffe à ce que vous dites de *Bayle*.

Bayle a eu la foibleffe de prononcer un mot, favoir, qu'il y avoit apparence qu'un certain TroisEchelles, qui vivoit fous Charles IX, étoit réellement Sorcier. De ce mot de *Bayle* on concluroit qu'il croyoit aux Sorciers: il ne pouvoit cependant y croire; donc, felon vous, s'il l'a dit, c'eft une *foibleffe*.

Raffurez vous, Monfieur, ce mot n'eft pas dans *Bayle*. Pour battre celui qui l'a mis fur fon compte, vous auriez eu beau jeu; ou plutôt, fi vous euffiez connu vos avantages, fi vous en euffiez ufé; le feul Auteur de l'article *Sorcier* de l'Encyclopédie ayant prêté ce mot à

Bayle, & ce mot ne lui ayant été prêté que d'après
cet Auteur, ce seroit lui seul que vous eussiez
pu attaquer, mais bien sûrement vous ne pou-
viez triompher.

Bayle n'a pas dit ce mot, cela est vrai ; cependant l'endroit cité par l'Encyclopédie, le chapitre 55 des *Réponses aux questions d'un Provincial* laisse voir qu'il l'a pensé, qu'il ne fait
aucun doute que ce *Trois-Echelles* n'ait été réellement Sorcier, qu'il n'y ait eu des hommes de
cette espece, qu'il ne puisse y en avoir. Ouvrez
le Volume, c'est à la p. 602, Edit. in-fol. de
1727. tom. 3. *Œuvres diverses. Rép. aux quest.
d'un Prov.*

Bayle, dans ce Chapitre, se propose de criti-
quer ces paroles de Mezeray ; *un prêtre nommé
Des Echelles qui fût exécuté en Greve pour avoir
eu commerce avec les mauvais démons, accusa
douze cens personnes du même crime.*

Il avoit-là sans doute une belle occasion d'en-
doctriner les humains, de les désabuser, de pul-
vériser ceux qui croient à la magie, ou du moins
de faire voir qu'il étoit bien au dessus de pareilles sottises ; cependant rien de tout cela ;
toute sa critique se réduit à nier le nom, la peine
& la qualité de *Prêtre* que Mezeray donne à son
personnage, à trouver impertinente l'accusation
portant sur un tel nombre, & Bayle rapporte
de ce Sorcier un petit miracle qu'il ne songe pas
à contester, que l'on contesteroit aujourd'hui,

ou que l'on mettroit au rang de ces choses qui
peuvent être naturelles ; voici comment il parle..

• Il vous semble que M. *de Mezeray* n'est point
» exact dans les dernieres paroles du passage que
» je vous ai allégué. *Un prêtre, &c.* .... Vous
» croyez qu'il y a là certaines choses qui peuvent
» être critiquées, & vous souhaitez savoir de moi,
» si votre soupçon est raisonnable. N'en doutez
» point, Monsieur, il me vint la même pensée,
» lorsque je citai ce passage ; mais pour éviter une
» digression qui me paroissoit incommode en
» cet endroit-là, je ne voulus point faire le
» critique, la discussion se pourra faire aujour-
» d'hui plus commodément. Je m'imagine que
» M. *de Mezeray* a dit *Des Echelles* au lieu de
» *Trois-Echelles.* Si cela est, il a commis une
» grosse faute, car le Sorcier *Trois-Echelles* ne
» fût point exécuté. Il eut sa grace sous condition
» de révéler ses complices. Bodin parle de cela en
» plusieurs endroits, sans donner à cet homme-là
» le caractere de Prêtre, & l'on ne peut point
» attribuer cette omission à son respect pour le
» Sacerdoce, car il fait mention de plusieurs
» Prêtres Sorciers, & il dit même que les plus
» grands Sorciers ont été Prêtres. Il semble donc
» que M. *de Mezerai* s'abuse, & quant au nom,
» & quant à la qualité, & quant à la peine de ce
» Sorcier. Vous allez lire quelques particularités
» de l'histoire de ce personnage ».

Une des particularités que *Bayle* cite ensuite,

il la tire de Bodin, c'est que ce *coquin & scélérat*, (Bayle lui donne ces qualifications, page 603, au même chap.) faisoit venir dans sa main l'un après l'autre, en présence du Roi & de sa Cour, les chainons d'une chaîne d'or que sur le champ il rendoit entiere. Au même endroit il ajoute " on le condamna l'an 1571, selon Bodin " ; & sur ce que l'Auteur du Journal du regne de Henri III, parle d'un chef de Sorciers qui existoit vers 1572, Bayle dit à son Provincial, page 604 au même chap. « Ne doutez pas qu'il ne parle " de *Trois-Echelles.* » Il est donc bien évident que Bayle a regardé ce *Trois-Echelles* comme vrai Sorcier, & il n'est pas fort étonnant que l'Auteur de l'article *Sorcier de l'Encyclopédie* se le soit aussi persuadé, ni qu'il ait prêté ce mot à Bayle. Surquoi, Monsieur, je vous prie d'observer que réellement, selon les Historiens, cet homme fut supplicié en 1571, trois ans après qu'on lui eut fait grace, & que, quoiqu'il n'ait fait que ce qu'on nommeroit aujourd'hui, *des expériences physiques,* *Bayle* lui donne le beau nom de *coquin & scélérat*, circonstance remarquable.

'Mais ce n'est pas tout. Vous dites, Monsieur, je le répete, que *Bayle a eu la foiblesse de dire un mot* dont on pourroit conclure qu'il croyoit aux Sorciers. Passons. il ne l'a pas dit *ce mot,* il n'a pas cru, si vous voulez, que ce *Trois-Echelles* étoit Sorcier, ou avoit commerce avec les Démons, mais il l'a cru de plusieurs autres.

voici bien d'autres mots dont on conclura fûrement
qu'il croyoit aux Sorciers, voici par conféquent bien
d'autres *foibleffes.*

Lifez, chap. 38, p. 573, même vol. titre du
chap. *Réfutation de ceux qui difent que la magie
n'a jamais été que le partage de quelques efprits
groffiers & de la lie du Peuple.*

« Il eft naturel, ajoute *Bayle*, que je me
» fouvienne ici d'une lettre, où vous m'avez
» parlé de deux ou trois *efprits forts*, qui vous
» ont dit plufieurs fois que, pour *nier l'exiftence
» de la magie*, on n'a befoin que de la preuve
» qui fe peut tirer de la condition miférable de
» ceux qui ont été accufés de fe mêler de cet
» art, gens élevés parmi les moutons ; vous
» difoient-ils, groffiers, ftupides, montagnards,
» quelques femmes de la lie du peuple, laides à
» faire peur, qui à peine ont de quoi vivre. Quelle
» apparence que le démon ne fe fût jamais com-
» muniqué qu'à de telles gens & qu'il n'eut pas
» enrichi quelques-uns de fes fectateurs, pour
» donner envie à plufieurs autres perfonnes de
» fe confacrer à fon fervice ? Il vous fera bien
» aifé, Monfieur, de réfuter cette prétendue
» preuve dont ces Meffieurs font tant de cas »
Notez, que *Bayle* appelle *efprits forts* ceux
qui *nient l'exiftence de la magie*, qu'il les
combat.

Puis, même Chap. p. 575, pour continuer fa
réfutation, « Il y eut en même temps deux grands

» Seigneurs, l'un en *France*, l'autre en *Espagne*,
» au 15ᵉ fiecle, qui furent fort adonnés à la
» magie. L'Efpagnol étoit Marquis de *Villena* »
Bayle renvoie pour ce qui le concerne à fon
Dictionnaire Hiftorique. « Le François étoit *Gilles*
» *de Laval*, Seigneur & Baron de *Retz* ».
Bayle rapporte fon Hiftoire, fon fupplice, le
nom de fes juges, d'autres circonftances de fon
procès, qu'il tire toutes des Hiftoriens de ce
temps-là, & fur ce que, « *Baptifle Fulgofe* ...
» veut que *Charles VII*, en faifant pendre &
» brûler ce Prince, ait commis une action tout-
» à-fait cruelle..... Eft-ce avoir du jugement,
» s'écrie *Bayle*, p. 576, que de mettre le fup-
» plice d'un tel Magicien dans le Recueil des
» plus effroyables cruautés que l'on trouve dans
» l'Hiftoire » ?

Monftrelet raconte que ce Maréchal de France
avoit fait mourir par maléfices, fuivant fon aveu
& pour les facrifier au Diable, 160 perfonnes ;
Fulgofe avoit dit 120, *Bodin* 8, *fur intention
de parvenir à aucunes Hauteffes & Chevances &
auffi honneurs défordonnés :* là-deffus *Bayle*,
« voila un Hiftorien fort biamable, il amplifie
» plus que *Fulgofe*, il compte felon les bruits
» populaires, & il n'auroit dû fe fier qu'aux actes
» même du procès. Si le Maréchal avoit avoué le
» meurtre de plus de 160 perfonnes, *Bodin* ne
» fe feroit pas borné au nombre de 8 ». *Bayle*
regarde donc, foit dit en paffant, les pieces

d'un procès en cette matiere , comme des pieces
dignes de foi , il a donc reconnu d'autres *Sorciers*
que *Trois-Echelles*, ou plutôt, s'il n'a pas reconnu
celui-ci pour *Sorcier* , il en est un autre bien
certainement qu'il reconnoît pour tel , c'est le
Maréchal *de Retz* ; mais voici d'autres *foiblesses.*

Je vous ai fait observer , Monsieur , que *Bayle*
appelle *esprits forts* ceux qui *tiennent l'existence
de la magie.* Seize Chapitres après , dans le 56°,
p. 604 , il répete la même chose & en dit de plus
fortes.

« *Pierre Ayrauld* , qui a fleuri sous le regne de
» *Henri III* , observe que la Secte des Magiciens
» ou des Sorciers subsistoit encore , mais qu'elle
» n'étoit plus composée....., de gens de condition
» & qu'elle étoit devenue le partage des paysans &
» des ignorans. Vous me demandez si j'ai fait
» quelque attention à ses paroles , quand j'ai
» refuté ce que vous aviez oui dire à des *esprits*
» *forts.* Je vous entends , Monsieur , vous croyez
» que ce passage m'est contraire : mais vous en
» jugerez autrement , si vous vous donnez la peine
» d'y regarder de plus près. La proposition que
» j'ai réfutée par des faits incontestables » (*Ob-
servez , Monsieur , qu'un de ces faits incontestables
est celui du Maréchal de Retz*) « concerne tous
» les temps & tous les lieux : mais ce que dit
» *Pierre Ayrauld* ne concerne que la France
» sous le regne de *Henri III.* Il pourroit donc avoir

B 4

» raison , sans que mes preuves en souffrissent le
» moins du monde. Outre cela, vous devez con-
» sidérer qu'il y a une grande différence entre
» ceux qui sont Sorciers & ceux qui se servent des
» Sorciers. Une infinité de personnes de qualité
» ou de condition ne voudroient pour rien du
» monde faire un pacte avec le diable , mais elles
» ne se font point un scrupule de consulter les
» Magiciens , soit pour apprendre l'avenir , soit
» pour acheter un sort qui les aide à contenter
» leur ambition , leur vengeance , leurs amours,
» leurs jalousies , &c..... Or , pour réfuter vos
» *esprits forts* , il me suffit que des personnes
» distinguées par leur naissance , ou par leur for-
» tune , (p. 603) ou par leur habileté recourent
» à l'art magique , sans en faire profession &
» sans contracter nul engagement immédiat avec
» le diable.... Quoi qu'il en soit, la crédulité & la
» curiosité pour la magie n'étoit pas alors une chose
» rare parmi les Grands du Royaume. Je vous
» l'ai prouvé ailleurs, & cela fait que je ne vous
» alleguerai ici qu'un exemple , mais qui est
» d'une grande force & du temps de *Pierre*
» *Ayrauld* ».

Cet exemple cité par *Bayle* est celui du Duc
de *Biron*, qui fut condamné sous *Henri IV* ,
pour avoir eu part à un complot. *Or, il con-*
sultoit , dit Bayle , les Sorciers les plus fameux,
un Eubrosse , un César , tenus à Paris pour
Magiciens , principalement un Lasin , Sorcier

*exécrable suivant Matthieu & suivant d'Au-
bigné.*

Bayle met donc, Monsieur, une grande différence entre les vrais Sorciers & ceux qui ne
savent que se servir d'eux. Il y a donc, selon
lui, sur cet objet *des faits incontestables ;*
il a donc cru qu'il pouvoit y avoir de *vrais
Sorciers.*

Autre *foiblesse*, mais *foiblesse* raisonnée, réfléchie, si je puis ainsi parler, & qui n'en est
que plus incurable, plus invincible, *foiblesse*
qui fait trembler pour *Bayle*, c'est le Chap.
35, p. 562. *Si l'on doit punir ceux qui se
servent de ce qu'on appelle enchantemens.*

« N'en doutez point, vous répondrai-je, &
» pour vous développer & vous prouver ma ré-
» ponse, j'entrerai ainsi en raisonnement. Ces
» gens-là sont ou de véritables Sorciers, ou des
» Sorciers imaginaires, ou bien ils n'ajoutent au-
» cune foi aux sorcelleries.

» S'ils sont de véritables Sorciers, c'est-à-
» dire, s'ils ont fait réellement un pacte avec
» le démon pour se donner à lui, & pour sti-
» puler qu'il emploira sa puissance à satisfaire
» leurs Passions, » (ici, *Monsieur, Bayle vous
apprend le secret de l'initiation, secret que vous ne
croirez point, mais qui n'en est pas moins réel.*)
» Ils sont dignes, *ipso facto*, du dernier supplice ;
» car il n'y a point de méchanceté qui soit égale
» à la leur. Ils savent que le démon est la

» plus maudite de toutes les créatures , qu'il
» est l'ennemi de Dieu & du genre humain , &
» ils lui consacrent leur corps & leur ame , qui,
» de leur propre aveu, appartiennent au Créateur
» de toutes choses, au principe de tout bien , au
» souverain Etre. Les tolérans les plus outrés ne
» peuvent rien dire en faveur d'un tel Sorcier ,
» impie jusqu'au plus haut comble matériellement
» & formellement, au lieu que les Hérétiques les
» plus impies matériellement, ne sont pas même
» hétérodoxes formellement : je veux dire qu'ils
» ne croyent pas s'écarter de la vérité le moins
» du monde , (p. 163) & qu'ils ne soutiennent
» leurs héréfies que parce qu'elles leur paroissent
» véritables. Ils suivent les lumieres de leur con-
» science & voilà pourquoi les Tolérans disent
» qu'on ne doit pas les punir : mais les Sorciers
» péchent contre leur conscience , ils renoncent
» volontairement & sciemment au service du vrai
» Dieu & s'enrôlent dans le service du plus
» méchant de tous les êtres qu'ils reconnoissent
» pour tel.

» Quant aux Sorciers imaginaires , je veux dire
» ceux qui n'ayant point contracté effectivement
» avec le diable , croyent neanmoins avoir traité
» avec lui, je les trouve aussi coupables & aussi
» punissables que les vrais Sorciers. La malice &
» l'impiété formelle des uns sont aussi grandes
» que celle des autres ; car d'où vient , je
» vous prie , la persuasion des Sorciers imagi-
» naires » ?

Bayle donne tout de suite la raison de ce sentiment, c'est que, dit-il, ils ont eu *autant de dessein & autant de volonté* que les vrais Sorciers, ou *que ceux qui auroient la réalité de toutes ces chofes.*

Après il ajoute : « Quand je dis que ces gens-
« là font punifſables, j'entends qu'ils le font au
« jugement même des Magiſtrats qui ne croiroient
« aucune forte de forcellerie. Je prétends que
« *Spinofa* même, qui ne croyoit ni dieu, ni diable,
« n'auroit pû fe bien acquitter de la qualité de
« Juge dans un procès de magie, fans faire punir
« ceux qui font perfuadés qu'ils ont fait un paƈte
« avec le démon & qu'ils l'adorent aux aſſemblées
« du fabat ».

. . . . ;
. . . .

« Vous m'allez dire que des gens qui croyent
« aller au fabat, ne doivent être confidérés que
« comme des fous ou des viſionnaires, qu'il faut
« plutôt recommander aux Médecins que de les
« pourfuivre en Juſtice : mais je vous réponds,
« qu'ordinairement parlant, ces gens-là ne don-
« nent aucune marque d'imbécillité d'efprit. Ils ne
« font pas moins induſtrieux, ni moins appliqués
« aux affaires de leur famille, que les autres
« hommes, & quelquefois même ils font les
« plus fins matois & les plus enclins à faire du

>> mal >>. C'eſt toujours Bayle qui parle , même
chap.

. . . .

(*P.* 564). « De prétendre que leur opiniâtreté
>> à vouloir entretenir ce commerce eſt une maladie
>> d'eſprit , ce ſeroit vouloir ſouſtraire aux mains
>> du bourreau tous les ſcélérats qui perſiſtent à
>> vouloir commettre des brigandages , après même
>> qu'ils ont été châtiés ou de la peine du fouet,
>> ou de celle du fer chaud. Qui m'empêcheroit
>> de vous objeᢈer que cette incurable obſtination
>> eſt une imbécillité d'eſprit & une folie de vi-
>> ſionnaire >> ?

. . . .

« Il y a une autre raiſon très-conſidérable qui
>> rend dignes de châtiment ceux qui croyent être
>> Sorciers. Cette raiſon eſt fondée ſur l'engage-
>> ment où ils ſe trouvent à commettre toutes
>> ſortes d'abominations. Ils ſont hommes-liges de
>> ſatan , ils lui vouent une obéïſſance ſans ré-
>> ſerve, & s'imaginent qu'afin de ſe maintenir
>> dans ſes bonnes graces >> , (*ſuite du ſecret*)
>> il n'eſt rien tel que de faire mille crimes, de
>> profaner les choſes ſaintes , d'ôter la vie à des
>> enfans , d'empoiſonner ſes amis , de jetter la
>> mortalité ſur les beſtiaux , d'employer des
>> charmes pour inſpirer de la haine, ou un amour
>> impudique, pour cauſer des maladies , pour

» troubler l'œuvre du mariage , œuvre si né-
» cessaire au repos & à la conservation des
» familles , ils deviennent la terreur de la Pa-
» roisse »......

« Voilà donc des pestes publiques qu'il semble
» que l'on ne sauroit exterminer trop prompte-
» ment : le bien de la société , le repos des par-
» ticuliers le demandent. Voyez , dit *Bayle*,
» M. *Amelot de la Houssaie* , notes sur le deu-
» xieme Livre des Annales de *Tacite* ».

Quelles nouveautés, Monsieur , pour un siecle
comme le nôtre ! quelles *foiblesses* ! Mais , c'est
assez , je vous effrayerois réellement , si je vous
les montrois toutes. On peut défier les plus hardis
de trouver dans aucun des Ouvrages de *Bayle*,
spécialement dans ses *Rép. aux quest. d'un Prov.*
où il traite la matiere de la sorcellerie en plus
de douze Chapitres, de trouver , dis je , une phrase,
une ligne qui prouve qu'il révoquât en doute la
communication de certains hommes avec les démons, ou qu'il l'envisageât comme un art impossible ou chimérique Tout prouve au contraire
qu'il y a cru, qu'il l'a regardée comme très-réelle
& son scepticisme se réduit à disputer sur plusieurs
effets qu'on lui attribue.

Dans son *Dictionnaire Historique & Critique*,
à l'Article *Grandier*, quoiqu'il imite le Huguenot
Saint-Aubin , qui dans son *Histoire des Diables*

de Loudun, Hiftoire pleine d'impoftures (a) ,
prétend que *Grandier* fût calomnié & n'étoit pas
réellement Sorcier (a) ; il n'eft cependant pas de
l'avis de M. *Ménage*, qui traitoit de chimérique
la poffeffion des Religieufes. « On diroit , dit
» *Bayle*, que M. *Ménage* a voulu combattre en
» général ce qui fe dit des Magiciens. Ce feroit
» fe tirer d'un embarras par un autre. Il eft certain
» que les Philofophes les plus incrédules & les
» plus fubtils ne peuvent n'être pas embarraffés
» des phenomenes qui regardent la forcellerie ».
Cela eft pofitif ; or , je vous le demande, Monfieur, fi *Bayle* eut regardé la forcellerie comme
une chimere, s'en feroit-il embarraffé ? puifqu'il
en traite , *ex profeffo*, dans douze très-longs Chapitres , ne l'eut-il pas détruite, lui qui ne refpecte

----

(a) *Grandier* fut fupplicié en 1634. Soixante ans après,
Saint-Aubin fit le Livre que l'on cite. Il eft victorieufement
réfuté dans un vol. *in-12* imprimé chez *Debure* en 1747.
& quiconque lira ce volume s'infcrira infailliblement en
faux contre toutes les pieces produites ou non produites
qu'on voudroit alléguer pour juftifier *Grandier*.

(b) *Bayle* n'eft pas le feul qui , dans ce qu'il dit fur
Grandier, ait fuivi *Saint-Aubin*. *Gayot de Pitaval* a pris
auffi celui-ci pour guide. L'impartial M. *Richer* , nouvel
Auteur des *Caufes célebres* , dans cette même affaire , s'eft
moulé fur *Gayot*. C'eft ainfi que l'on eft trompé ; que
d'une fource impure il fort toujours des ruiffeaux cor-
rompus.

rien ? ne se fût-il pas fait gloire de détromper les hommes ?

Et dans ce même *Dictionnaire*, à l'article *Ga-ligaï*, femme du Maréchal *d'Ancre*, il rapporte les pieces les plus fortes pour prouver que réelle-ment elle avoit usé de magie ; la belle réponse qu'elle fit à ses Juges, & que tout le monde sait, ne la justifie pas à ses yeux. Et en finissant l'Article *Grandier*, comme s'il avoit envie de revenir sur ses pas & de se rétracter sur le compte de ce malheureux, il dit qu'il vient de lire deux faits bien surprenans, & ces faits, ils les tire du *Journal des Savans*, du mois de *Mai* 1689, par M. *Cousin*. Le premier c'est que Milord *Montaigu* fut si parfaitement convaincu de la possession des Religieuses, qu'il abjura l'hérésie, entretint *Urbain* *VIII* de cette possession & fit profession de la Foi Catholique entre ses mains. Le deuxieme, c'est que le P. *Surin*, un des exorcistes, ayant consenti devant les démons d'être possédé ou obsédé toute sa vie, à condition de recouvrer une hostie consacrée dont usoient des Magiciens pour leurs maléfices, fut réellement tout le reste de sa vie dans l'un ou l'autre de ces deux états, la condition ayant été remplie.

Tels sont les traits, Monsieur, qui, selon vous, sans doute, mettent au grand jour *la foiblesse de Bayle*. *Bayle* avoit cru aux Sorciers ! vous ne pouvez le comprendre. Mais, selon d'autres, ces traits montrent sa force & la force de ceux qui ont penſé comme lui, & vous ſavez que ce n'eſt pas le petit nombre. A votre avis, Monſieur, quel eſt l'eſprit le plus fort, ou celui qui reſte dans la petite ſphere des choſes ſenſibles, qui ne croit qu'à ce qu'il voit; ou de celui qui la franchit, qui ſe porte dans la région des êtres immatériels, étudie dans cette région nullement imaginaire, très-ſubſiſtante, la nature & les goûts, les inclinations, le pouvoir de ceux qui l'habitent, leurs déportemens & leur conduite, & en fait ſon profit? Je crois que vous ſerez pour celui-ci. Or tel eſt *Bayle*, tel *Gaſſendy* (*a*), tel l'illuſtre M *de Peireſc*, tel *Boſſuet*, tel *Mallebranche*, tels ſont mille autres qui de nos jours, dans la

---

(*a*) Selon *Bayle*, chap. 35. des Rép. p. 564. Edit. citée, M. *de Peireſc* (mort à Aix en 1637) *étudia avec tout le ſoin imaginable l'affaire de Louis Gaufredy*, brûlé à *Aix* comme Sorcier en 1611, & le crut bien Magicien. Il vint cependant enſuite à en douter, mais il ne changea pas pour cela de façon de penſer ſur la poſſibilité du commerce de certains hommes avec les démons. Là-deſſus *Bayle*, à la même page, fait cette réflexion: " *Gaſſendi*, " ce grand Philoſophe ſi peu crédule, nous apprend cela, " & ne dit rien qui faſſe paroître qu'il déſapprouvât " cette penſée de M. *de Peireſc* ". *Gaſſend. in vitâ Peyreskii. lib. 2 ſub fin.* Puis le même *Bayle* ajoute: "Vous pouvez lire dans le ſecond Tome du Mercure Fran- " çois, l'Hiſtoire de *Louis Gaufredy*. Elle eſt ſi étrange, " qu'on ne la peut lire ſans étonnement ".

Magiftrature ou dans le Clergé (*a*), ont confervé les vraies lumieres.

Je finis, Monfieur. *L'ufage que l'on a fait dans l'Article SORCIER de l'E..yclopédie*, du fenti-ment de *Bayle*, felon vous, ne fignifie rien, on n'en doit tenir compte.

Il fignifie beaucoup. Il prouve évidemment que celui qui le fait cet ufage, eft un vrai Philofophe qui fe foucie peu de l'opinion, pourvu qu'il tranf-mette au genre humain des vérités utiles dont il s'eft convaincu & qu'il ne veut point trahir.

Les Philofophes que l'on cite pour la forcellerie dans la lettre du *Journal Eccléfiaftique*, & qui, aux termes du vôtre *n'étoient pas des Phyficiens*, *& vivoient dans des fiecles d'ignorance*, font entre autres, Meffieurs *Barrow*, *Charle* & *Loke*, dont le premier a profeffé les Mathémati-ques, a donné une Edition d'*Archimede*, a fait fur la Géometrie & l'Optique les Ouvrages les

____

(*a*) Nul homme de Robe inftruit ne peut nier la réalité de la magie fans couvrir d'opprobre tous les Arrêts de mort, *ad unum*, portés en cette matiere, ainfi que la multitude innombrable des Juges qui de tous temps & chez toutes les Nations, les ont prononcés, ni fans ac-cufer ceux-ci de ftupidité ou de méchanceté, accufation abfurde, & nul membre du Clergé ne la niera, non plus, avec réflexion, à moins d'aller contre fes lumieres & de paroître au moins très-fufpect dans fa foi.

plus estimés , & est mort en 1677 à 47 ans. Les deux autres sont assez connus.

Clarke fut seulement un des premiers & des plus forts Neutoniens ; il a traduit *Rohault* en latin & l'Optique de *Neuton* ; a beaucoup écrit sur la vitesse dans le mouvement des corps , & est mort en 1729 : *Loke* en 1704 , deux ans avant *Bayle*. Eh ! qui ignore que *Loke* fut un des plus beaux Génies, qu'il fit pendant plusieurs années une étude particuliere de la Physique & de la méchanique ; & cependant ces hommes-là , qui sûrement pouvoient s'élever contre tout ce qui a rapport à la foi, puisqu'ils ont vécu & sont morts dans le Protestantisme, ont cru aux Sorciers.

On vous accordera, Monsieur, si vous voulez, que les autres cités pour le même sentiment, non par l'Auteur de la Letttre du *Journal Ecclésiastique*, ayez la bonté d'y faire attention , mais par l'Encyclopediste , savoir, MM. *Tillerson, Stillingfled , Jenkin , Prideaux, Vossius* , n'étoient pas Physiciens de profession , mais c'étoient des Savans & leurs connoissances en d'autres genres, en *Théologie*, par exemple , excluoient-elles les connoissances physiques , & vivoient-ils dans des siecles d'ignorance? Tous, comme on sait , étoient du siecle dernier, & comment n'avez-vous pas vu que la Lettre du Journal Ecclésiastique l'observe formellement ?

Quant à ce que vous dites que *des fripons adroits sont parvenus autrefois à se faire brûler* comme *Sorciers*, il est certain que jamais vous ne prouverez votre dire. On a pu soupçonner & accuser de magie quelques hommes versés en Physique, & se servant de leurs connoissances pour des opérations extraordinaires. Le peuple disoit, par exemple, que *Briochet*, l'inventeur des marionettes, étoit Sorcier. Mais il y a loin de l'accusation au supplice. Jamais un homme qui a quelque étude & quelque principe ne se laissa supplicier pour une opération dont il pouvoit rendre compte. Il seroit absurbe de croire le contraire : par exemple, si *Trois-Echelles* n'eut employé que des ressorts physiques, il eut mieux aimé sûrement les montrer, que de se laisser brûler. Il en seroit de même du personnage vivant que vous nommez, il n'auroit pas eu plus à craindre en tout autre siecle qu'en celui-ci. Il eut donné aux Magistrats & aux Savans le mot de ses énigmes très-singullieres, comme il a dû le faire aujourd'hui, & comme cela se pratique en bonne police (*a*), au défaut de quoi il doit être soupçonné.

Enfin, Monsieur, si vous voulez réfuter la petite Lettre du *Journal Ecclésiastique*, car toute légere

---

(*a*) Voyez, Monsieur, le *Traité de la Police* de Delamare. Tom. 1, liv. 3; l'Auteur de l'Article *Sorcier* de l'Encyclopédie vous y renvoie.

qu'elle eſt , malgré votre attaque elle ſubſiſte ;
ou plutôt ſi vous voulez battre en ruine les grands
Hommes qui y ſont cités , & que l'on pourroit
citer encore pour la réalité de la magie & du
commerce avec les démons , il faut quelque choſe
de plus que des mots , il faut mettre dans votre
parti la raiſon & les choſes , & perſonne mieux
que vous ne peut y avoir recours.

Je ſuis avec reſpect & la plus parfaite eſtime,

M.

Votre, &c.
L'Abbé FIARD.

A Paris , 1775.

M. l'Abbé Am. ✳✳✳ Auteur du Journal de
Verdun jugea à propos de faire imprimer à la
ſuite de la précédente Lettre un fragment d'une de
celle attribuée au feu Pape, & écrite en 1750,
ſelon M. de *Caraccioli* , au Cardinal *Creſcenci.*
Le journaliſte , par ce fragment , paroiſſoit
vouloir prouver que le pere *Ganganelli* alors
Cordelier ne croyoit pas aux Sorciers. C'eſt ce
qui lui valût la réponſe ſuivante qu'il eût la
juſte complaiſance de publier dans ſon Journal du
mois de Mars 1776. Nous plaçons ici auparavant
en entier la Lettre prétendue de *Ganganelli.* C'eſt
la 22me, p. 115 1ere édition. Paris chez Lottin.

A M. le Cardinal Crescenci.

Eminentissime,

« Vous avez résolu le cas de conscience comme
» il doit l'être, d'après l'avis des plus excellens
» Docteurs, & sur-tout d'après le sentiment de
» S. Thomas, dont le suffrage est du plus grand
» poids.

» Le saint Office n'a pas condamné les hommes
» dont son éminence me parle, comme ayant
» réellement commerce avec le démon, mais
» comme abusant des paroles les plus saintes de
» la messe & des pseaumes, pour faire leurs ex-
» travagantes opérations. On sait que les Sorciers
» d'à présent ne sont pas des agens surnaturels, &
» que la démonomanie, quoique, selon l'écriture,
» le démon soit un être très-réel, est presque tou-
» jours un effet de la superstition, ou l'ouvrage
» d'un cerveau troublé.

» Je vous baise les mains avec le plus profond
» respect, en attendant le moment où nous vous
» baiserons les pieds, si la prophétie attribuée à
» S. Philippe de Neri a lieu, comme chacun le
» publie.

Fr. L. Ganganelli,

A Rome ce 3 Mars 1750.

LETTRE IIIme

Imprimée dans le Journal de Verdun mars 1776.

A l'Auteur du Journal.

VOUS n'avez pas prétendu, Monsieur, sans doute infirmer un dogme incontestable, savoir la possibilité du commerce de certains hommes avec les démons, lorsque vous avez placé dans votre dernier Journal, le sentiment du feu S. Pere à côté de celui de *Bayle* sur les *Sorciers*. On croit bien plus volontiers que vous avez voulu faire une petite satyre de la lettre attribuée au Pere *Ganganelli*, Docteur & Professeur en *Théologie*, montrer qu'il étoit moins orthodoxe que *Bayle*, ou que, comme il le dit à un de ses confreres (page 86 de votre Journal) il avoit dans sa façon de penser la *tournure françoise*.

Si malheureusement cette *tournure* étoit, Monsieur, de fronder les vérités les plus claires, parce qu'elles tiennent à la foi, si cette *tournure* étoit de rejetter des principes qui fondent la sûreté des états, comme ils sont dictés par la Religion ; prétendre prouver que *Clément XIV* ne croyoit pas à la poffibilité des *Sorciers* , ce feroit bien certainement lui donner *la tournure françoife.*

Cependant ne manquons pas à notre Patrie. Ce n'eft pas dans les propos futiles de certains avan-tageux , dans les brochures du jour qu'il faut chercher l'efprit françois. Les *de Thou* , les *Dagueffeau*, les *Gilbert* , les *Peirefc* , les *Gaf-fendi* , les *Boffuet* , les *Mallebranche* , les *Bayla* l'ont eu , fans doute , cet efprit ; ils ont cru ce-pendant fur les *Sorciers* ce qu'ils devoient croire, qu'il y en avoit eu, qu'il pouvoit y en avoir. Ne faifons pas non plus injure à la mémoire d'un homme que fon merite feul a pu élever au Trône Pontifical.

La Lettre que vous citez, Monfieur , faite , fui-vant fa date, il y a plus de vingt-cinq ans , ne peut être du Pere *Ganganelli.* C'eft avec raifon que vous dites que *plufieurs Lecteurs font inquiets fur l'authenticité de ces Lettres.* Si l'on veut que celle-ci fignifie qu'aujourd'hui il ne peut plus y avoir de *Sorciers*, elle n'eft pas d'un Théolo-gien. Les petites contradictions qu'elle renferme dans fa brieveté, font voir qu'elle n'eft pas même d'un homme conféquent ; ces contradictions doi-vent la rendre fufpecte. Et fut-elle réellement fortie de la plume du Pere *Ganganelli*, fut-elle authen-tique, elle ne feroit d'aucun poids , elle ne ba-lanceroit pas l'autorité de l'Eglife , de l'Ecriture , des Conciles , des Saints Peres , de la *Faculté de Théologie de Paris*, des prédéceffeurs de *Clément*

XIV, notamment d'*Innocent VIII* & de *Benoît XIV*, qui formellement ont décidé plus d'une fois, *que du commerce de certains hommes avec les démons il réfultoit fouvent des effets* ; elle n'affoiblirois pas même le fentiment des Hiftoriens, des Politiques, des Philofophes, des Légiflateurs, des Magiftrats, qui de tous temps & chez toutes les Nations ont reconnu la même doctrine.

Cette Lettre qui eft la 22me du premier vol. pag. 115, dit en termes exprès : « *on fait* que » les Sorciers d'à préfent ne font pas des agens » furnaturels & que la *démonomanie*, quoique, » felon l'Ecriture, *le Démon* foit un être très » réel, eft un effet de la fuperftition ou l'ouvrage » d'un cerveau *troublé* ».

Un docteur judicieux, Monfieur, ne peut avancer cette propofition. Elle eft mal conçue, hazardée, peu réfléchie, elle fe contredit. S'il y a eu des *Sorciers*, il peut y en avoir. S'il y en a eu autrefois, (l'Auteur de la Lettre femble l'avouer) qui pourra prouver qu'il n'y en ait pas *à préfent?* & qui peut *favoir*, fuppofé qu'il y en ait, dès qu'ils ne font pas connus, fi leur commerce avec *le Démon* eft réel, ou s'il eft *l'ouvrage d'un cerveau troublé?* Il peut être l'un ou l'autre, *Bayle* le dit, perfonne ne peut le nier ; l'examen feul pourroit apprendre ce qu'il eft, & en faire faire le difcernement ; mais le *Sorcier* vrai ou imaginaire reftant inconnu, fe plongeant dans les ténebres, eſt par-là ſouſtrait à l'examen. Donc perſonne ne peut ſavoir s'il eſt vraiment *Sorcier*, ou s'il n'a que la manie de ſe croire tel. La propoſition attribuée au P. *Ganganelli* n'eſt donc pas d'un homme inſtruit & judicieux, elle n'eſt pas de ce Docteur.

Quant à ce que la Lettre porte que *le S. Office avoit condamné certains hommes, non pas comme ayant réellement commerce avec le démon; mais comme abuſant des paroles les plus ſaintes de la Meſſe & des Pſeaumes, pour faire leurs extravagantes opérations*, ce texte n'exclut pas ni ne peut exclure la poſſibilité de ce commerce : il dit ſeulement que les hommes condamnés par le *S. Office*, accuſés, ſuivant toute apparence, de magie & de ſortilége, ne furent trouvés coupables, que de profanations, ce qui eſt fort dans l'ordre des choſes poſſibles : mais *le S. Office* n'a pû entendre ni prononcer que des hommes ne peuvent avoir avec *le démon* une communication réelle. Jamais *Rome* ne tombera dans cette erreur.

Otez donc, Monſieur, cette Lettre à *Clément XIV*. Vous lui en ôteriez d'autres encore, ſans pour cela diminuer ſa gloire, ſi vous les approchiez toutes du flambeau d'une critique exacte. Pourquoi charger d'ornemens étrangers un homme qui a chez lui plus qu'il ne faut pour attirer les regards ? Quand les Lettres attribuées au feu S. Pere, auroient vraiment *la tournure Françoiſe*, il n'en

auroit pas befoin pour fe parer. Quelques-unes
pourroient le déparer au contraire.... Il a fans
elles de quoi figurer avec éclat dans la lifte des
fucceffeurs de *S. Pierre.*

Je vous prie d'obferver, Monfieur, en finiffant,
que fi par le mot de *démonomanie*, vous voulez
que vos Lecteurs entendent *la croyance aux Sorciers*, & qu'ils regardent comme *fuperftitieux &
cerveaux troublés*, ceux qui l'ont cette croyance ;
alors ces qualifications tombent fur *Bayle*, *Loke*,
Boffuet, *Mallebranche*, *l'Auteur* de l'Article *Sorcier* de l'*Encyclopédie*, & fur tous autres favans
que j'ai nommés dans ma Lettre, & ce trait
eft plaifant.

Je fuis, &c.

L'Abbé FIARD.

A Paris, 15 Février 1776.

La Lettre suivante, dès son commencement, apprend pourquoi elle a été écrite.

M. Caſt *** de Touloufe a donné au public pendant pluſieurs années une feuille intitulée *le Spectateur*. Il donnoit en même temps d'autres ouvrages périodiques eſtimables & eſtimés. C'eſt à lui que M. l'Abbé F*** répond, ainſi qu'à ſa feuille N°. 3, Tom. 3, 1775, page 145. Ils avoient eu réellement enſemble pluſieurs entretiens ſur le diable & ſes ſuppôts, mais entretiens bien différens de ceux qu'a imprimés M. C*** dans ſon *Spectateur.*

LETTRE IVme

AU SPECTATEUR.

O cæcas hominum mentes & inania corda!

PERMETTEZ-moi, M. le Spectateur, quoiqu'il soit un peu tard, de m'acquiter d'une dette. Vous connoissez le proverbe, *mieux vaut tard que jamais.* Dans cette épître, toute philosophique qu'elle doit être, je ne crains pas de l'employer. Eh ! pourquoi ne l'emploîrois je pas ? de nos jours, vous le savez, on a tiré de leur obscurité ces mots inventés, ce semble, uniquement pour le peuple : on les a mis en spectacle, on en a fait de beaux drames, c'est les avoir ennoblis sans doute, c'est les avoir élevés à la dignité des plus pompeuses maximes, des maximes *du lycée.* Quand il faut faire le bien, & c'est ce qu'en bon philosophe je prétends faire, l'on peut donc, sans offenser le bon goût, mettre en avant un proverbe & il est beau de dire, convenez-en avec moi, *mieux vaut tard que jamais.* Mais ne nous écartons point.

Sur la fin de l'année derniere (1775) vous avez voulu égayer, ou bien voulûtes-vous éclairer

vos lecteurs fur un fujet que vous qualifiâtes d'é-
trange , fur le fujet des *Sorciers* ? moi qui fuis
fpectateur auffi , je crois que vous n'avez fait ni
l'un ni l'autre. Un *fpectateur* cependant , un
fpectateur *Auteur* doit au moins éclairer, c'eft-
là fa tâche , tâche noble , digne d'une ame cou-
rageufe , vous vous l'êtes impofée ; en vrai philofophe vous favez l'apprécier , mais je le répete »
dans le fujet dont il s'agit , vous ne l'avez pas
remplie.

Eh quoi , Monfieur , un homme que vous con-
noiffez , dites-vous dans votre *feuille* , vous fait part
d'une lettre fur l'objet le plus grave , lettre adreffée
au corps le plus refpectable, *aux Evêques de l'Affem-
blée générale du Clergé ;* il y avance qu'un des plus
énormes crimes qui fe puiffent commettre , crime à
l'extirpation duquel tout ce qui refpire eft intéreffé ,
crime reconnu , avoué , quant à fa réalité , par
tout ce qu'il y eût jamais au monde d'hommes
inftruits , Légiflateurs , Jurifconfultes , Théologiens , Magiftrats , Médecins , Phyficiens, même
de notre fiecle , il y avance , dis-je , que ce
crime eft aujourd'hui fubfiftant dans l'Etat ; il
s'appuie fur des faits que vous ne pouvez con-
tefter , qui demandent au moins d'être difcutés ,
examinés , & cette lettre que dans le particulier
vous approuvez , que vous trouvez raifonnée ,
vous la défigurez en la publiant, vous la rendez
méconnoiffable, (remarquez que je ne vous avois
pas du tout prié de la rendre publique) ou plutôt ,

vous lui en fubftituez une autre qui ne peut paroître
que ridicule , & vous dites expreffément à vos
lecteurs que vous n'y changez rien. Eft-ce là ,
je vous le demande, la maniere philofophique ?
Eft ce ce que vous appelez lumieres , bonne foi ,
courage ? ou, n'eft-ce pas ici le cas d'appliquer
ce vers que j'ai pris pour épigraphe ?

O cæcas hominum mentes & inania corda !

Quel motif en effet, Monfieur, vous a pouffé
à cette conduite menfongere , à ce procédé frau-
duleux ? eft-ce que vous ne croyez pas aux *Sorciers ?*
eft-ce que , quoique vous y croyiez, vous n'ofez
vous déclarer ? Si l'incrédulité feule a dirigé votre
marche , pardonnez-moi, mais en vous adreffant
la parole , je ne puis m'empêcher de m'écrier ,
o cæcas mentes ! Si le malheureux refpect humain vous a guidé, pardonnez-moi encore, je
recours au fecond hemiftiche & je m'écrie, **O**
inania corda!

Comment, Monfieur, une doctrine fondée fur
la raifon , fur l'expérience, fur la Religion, une
doctrine qu'ont foutenue , à laquelle fe font
rendus des Philofophes , des Académiciens , des
Encyclopédiftes, des Proteftans, *Bayle, Guy Patin,
Clark, Lock, Gaffendi, Mallebranche, Fontenelle ,*
& l'Auteur de l'article *Sorcier* de l'*Encyclopédie ;*
une doctrine appuyée fur des faits inconteftables
le fait de *Trois-Echelles,* le fait de *Gaufredy,* le fait

de *Grandier*, oui de *Grandier* (*a*), quoiqu'on en di-
fe ; les faits moins anciens , puifqu'ils font de la fin
du dernier fiecle , faits confignés dans *le traité
de la Police de Delamarre* , ceux moins anciens
encore que le celebre Médecin *Hoffman*, dans fon
traité *de poteflate dæmonum in . orpora* , (du pouvoir des démons fur les corps .) a rendus publics
en 1736 , une doctrine de cette nature publiée
par des génies , par un *Richelieu* , un *Boffuet* ,
un *Fénélon* ; une doctrine enfin à laquelle l'incrédulité , les découvertes modernes n'oppoferont
jamais rien de raifonnable , une pareille doctrine
vous femble abfurde , vous refufez de l'adopter ,
vous ne pouvez pas y croire , *ô mentes !*

Mais non , je me trompe , fuppofons que vous
avez affez de pénétration pour croire poffible le
commerce de certains hommes avec les démons ,
affez de favoir pour le regarder comme démontré ;
un feul point vous arrête , vous n'ofez vous
déclarer. Le vain perfiflage de nos légers
petits - maîtres , la cenfure , les fottes rail-
leries , les ris moqueurs de nos fuperficiels vous
effraient , vous craignez le ridicule , *ô corda !* ô
belle , incomparable fille du ciel , raviffante Philofophie ! font-ce donc là tes preux ? font - ce
là tes chevaliers ? en effet , Monfieur , raifonnons.

Naturellement l'homme eft ami de l'homme.

(*a*) Voyez Lettre feconde de la note au bas de la page
37 , & à la fin de la Lettre fuivante.

Que soumis au pere commun , & c'est son intérêt , il cueille durant les jours de son pélérinage les biens que la terre lui offre fort au-delà de ses besoins , aussitôt on le verra rechercher son semblable , ils s'approchent, ils s'embrassent, la joie pure, l'innocent plaisir les accompagnent , une communication nécessaire vient resserrer leurs liens , ils se garderont bien l'un & l'autre d'interrompre leur bonheur , de se désunir. Si donc cette heureuse paix dont ils jouissoient vient à être troublée , si les doux nœuds qui les serroient sont rompus , quelqu'être jaloux a fait cet ouvrage ; mais c'est un être étranger à leur nature , ce n'est point un frere, c'est un ennemi.

Or, Monsieur , s'il est vrai que passager sur la terre , l'homme ait sur sa route des ennemis autres que ses semblables , s'il en a de puissans , d'intéressés à le détruire, d'acharnés à sa perte, s'ils sont pour lui d'autant plus redoutables qu'ils s'enveloppent de ténebres, s'il n'a de force contr'eux que lorsqu'il s'en défie ; si , pour les mettre en fuite, il suffit d'un de ses regards , & que son œil perce le nuage, n'est-il pas absolument essentiel à son repos, à sa sûreté de le lui dire ? Ce service ne vaut-il pas le sacrifice de toutes les petites considérations humaines, d'une frêle réputation, d'un faux point d'honneur? Y a-t-il beaucoup de philosophie à ne pas oser le rendre? est-ce là meriter la reconnoissance de ses contemporains ? est-ce être utile ? ou plutôt , le si-

lence alors n'eſt - il pas lâcheté , trahiſon ? que
feroit-ce , ſi , loin de le rompre ce ſilence meur-
trier , on cherchoit à raſſurer l'homme , à lui
ôter juſqu'à une ſalutaire défiance , ſi on vouloit
lui perſuader qu'il n'a point d'ennemis , ou ,
qu'il n'en a d'autres que les compagnons de ſon
voyage ? feroit-ce là ſimplement trahiſon ? ah ! ce
feroit p ſe , ce feroit barbarie , ſcélérateſſe... Ce
feroit ſe joindre aux tygres qui l'égorgent , &
voilà , Monſieur , votre philoſophie , ou la philoſophie de ceux qui connoiſſant la fureur des
démons contre l'homme , n'oſent la lui revéler !

Oui , Monſieur , rien n'eſt plus vrai. L'homme
n'eſt pas ſeul ſur ce globe que vous nommiez la
Terre. Dieu pour accroître ſon mérite , pour
mettre à l'épreuve ſa fidélité , a voulu qu'il fût
aſſailli de légions ſans nombre d'eſprit méchans.
Il a , dans ces êtres rébelles , de formidables ad-
verſaires , ils ont juré ſa perte , ils le traverſent ,
ils le tourmentent. Par de trompeuſes amorces &
pour mieux cacher leurs noirs complots , ils
féduiſent quelques-uns de ceux qui marchent avec
lui ; pour ces apoſtats ils ſe dévoilent , dans des
horreurs nocturnes le commerce entr'eux s'établit ,
ils leur inſpirent la rage qui les poſſede , ils
s'arrogent leurs hommages , ils leur font part d'un
exécrable pouvoir. Ce ſont les monſtres dont il
s'agit ici , c'eſt ce que toutes les nations ont
appelé , *Sorciers* , *Magiciens* , chacune ſuivant
ſon idiome ; race dégradée , qui , par ſon union

intime avec les démons & en fe livrant à eux, a en quelque forte changé de nature, race dont les rejettons maudits réuniffent en une feule perfonne la nature diabolique à la nature humaine, race malheureufement trop réelle. C'eft en fe couvrant de la peau de ces lions rugiffans, en les lançant fur l'homme, que le démon lui fait fentir fes funeftes avantages & multiplie fes affreux triomphes. Commettez, je le veux, l'homme avec l'homme, armez les freres contre les freres, divifez les humains. Dans les deux partis les forces font égales, ils fe maintiendront toujours dans un jufte équilibre, le réfultat fera la paix. Mais, & ce que je vais dire n'eft pas un menfonge, c'eft la trop fidele hiftoire de ce point de la durée qu'on appelle *le temps*. Joignez un feul démon à un feul homme, oppofez-les à toute l'armée humaine; que fera-ce, fi à plufieurs hommes vous uniffez des troupes de démons? alors, fi le ciel ne donne fon fecours, s'il laiffe à leur implacable haine un libre effor, toute l'armée humaine eft mife eu piéce; l'univers incendié va retomber dans le chaos ou rentrer au néant.

Voilà, Monfieur, des vérités qu'il faut inculquer à l'homme jufqu'à la fatiété, & fans craindre de déplaire. S'il fe roidit contre elles, s'il répouffe obftinément la main charitable qui veut l'en nourrir, c'eft un malade dans le tranfport & frappé d'aveuglement, c'eft un frénétique qui ne connoît pas fes intérêts. Le philofophe fon ami courageux ne s'effraie pas de la réſiſtance, il perſiſte, il preſſe; au délire, c'eſt la raiſon qu'il oppoſe, il opere le bien malgré les mépris.

Mais deſcendons à quelques détails. Voyons rapidement, Monſieur, les deux entretiens que vous feignez avoir eû avec moi ſur *les Sorciers*, p. 162 et 179 de votre feuille N°. 3. C'eſt ici que je vais vous montrer de nouveau ou vos erreurs, ou votre peu de courage, & combien vient à propos ce mot qu'un bon génie m'a ſuggeré,

O cæcas hominum mentes & inania corda!

Pour régaler vos lecteurs d'une petite ſcene comique, vous me faites interrompre bruſquement le premier de ces entretiens & courir à une farce que vous peignez fort joliment p. 181. & qui, dites-vous, ſe jouoit dans la boutique d'un lu-thier de la rue S. Honoré.

J'ai oui dire, ainſi que vous, Monſieur, que cette farce s'étoit jouée, il y a peu d'années, je ne l'ai pas vue (a).

Mais ſuppoſons-la exactement exécutée aux mêmes termes & de la même maniere que vous la racontez..... vous allez me dire ſans doute que de cette maniere vous la croyez impoſſible & conſéquemment fauſſe, que vous vous êtes amuſé à la décrire, que vous ne daignez pas vous en occuper

____

(1) Que le lecteur ſe rappele que ceci fut écrit en 1776.

davaatage , ou que vous ne vous en occuperiez que pour la tourner en ridicule de plus en plus....Vous m'en direz autant fur mille autres faits de même nature, c'eft-à-dire , paroiffant extraordinaires, qui s'operent journellement dans Paris , & que rombre de gens bien *oculés* atteftent avoir vûs.... « Ces faits font naturellement ou phy-
» fiquement impoffibles ; donc ils ne peuvent être,
» donc ils font faux , donc vous ne voudriez pas
» même qu'en votre préfence on en établît la
» fuppofition ». Voilà votre langage, c'eft ainfi que vous raifounez.

Votre fphere paroît étroite , M. le Spectateur, votre vue peu étendue , vos conclufions ne font pas juftes, jamais vous n'agrandirez le cercle des lumieres de l'efpece humaine , ou n'en allongerez de beaucoup les rayons.

Et fur quoi donc vous fondez-vous, Monfleur , pour prononcer que ce qui eft naturellement , phyfiquement impoffible , l'eft à tous égards & fans exception , & conféquemment ne peut avoir lieu ? n'eft-il donc point d'êtres autres que Dieu, qui aient fur la nature , fur les refforts qui la meuvent, un pouvoir bien fupérieur à celui de l'homme, point d'êtres qui connoiffent mieux que l'homme l'effence de la matiere, qui la pénétrent plus parfaitement, qui agiffent plus fûrement & plus puiffamment fur les diverfes parties dont elle eft compofée , quelque tenues, quelque minces , quelque déliées, quelqu'imperceptibles qu'on les fuppofe, quelqu'inacceſſibles qu'elles ſoient à nos ſens, ou aux inſtrumens que notre adreſſe emploie pour les transformer, les diviſer?

Si vous avouez qu'il eſt des êtres de cette ſorte & il ne me ſeroit pas difficile de vous forcer à cet aveu, quand vous le refuſeriez, encore une fois d'où concluez-vous qu'un fait naturellement impoſſible l'eſt abſolument, & qu'on ne doit pas même en admettre l'hypotheſe?.... En un mot, ſi vous prétendez, Monſieur, qu'on doit nier opiniâtrément l'exiſtence de tout *fait* non naturel, uniquement parce qu'il n'eſt pas naturel, que, par exemple, il ſeroit *fou* de croire à ce qu'on a dit s'être paſſé dans la boutique du *Luthier*, ou à tous autres *faits* merveilleux, parce que la choſe phyſiquement eſt impoſſible, & quoique nombre de gens très-inſtruits aient atteſté les avoir bien vû ces *faits*, en ce cas, je le répete, vous êtes placé dans une ſphere étroite: jamais vous ne rendrez au genre humain le ſervice important de prolonger ſa portée, d'aggrandir ſes lumieres.

Je penſe bien différemment, Monſieur, je ne prétends pas qu'il faille aiſément croire; mais voici le point eſſentiel où je voulois en venir; je ſoutiens que pour le bien, pour l'inſtruction de la ſociété, il faut, loin de s'étourdir ſur leur réalité, les examiner de très-près ces faits que l'on pourroit juger ſur les apparences, n'être pas naturels, qu'il faut voir ſi en effet ils le ſont, ou ne le ſont pas, s'ils viennent de la nature ou de l'art, ou de Dieu, ou du Démon ; que c'eſt en quoi conſiſte *la bonne philoſophie*, puiſqu'enfin, & qui le fait mieux que vous, Monſieur le ſpeƈtateur, elle n'eſt autre choſe que la recherche & l'amour de la vérité. Mais c'eſt alors qu'il faut ſe conduire avec ſoin, attention, diligence, employer des hommes ſages, judicieux, éclairés, adroits, ſans paſſion, ſans partialité.

Et c'eſt à ce propos, Monſieur, que je vais vous rapporter quelques paſſages d'une des meilleures lettres de *Nicole*, c'eſt la 45me ; méditez-les.

Il faut, dit ce Philoſophe chrétien, cet homme qu'on n'accuſa jamais d'être un eſprit médiocre, un petit génie, « il faut vérifier, au-
» tant que l'on peut, les choſes extraordinaires
» & miraculeuſes.....

« Il faut avoir un ſoin extraordinaire de les
» bien établir. Car quand on les néglige, c'en
» eſt fait....

« Il y a dans les hommes une négligence extrême
» à donner à la vérité, l'autorité qu'elle doit avoir.

« Si on n'examine aucune des choſes extra-
» ordinaires que Dieu fait en ce temps, & qu'il
» fait ſans doute à deſſein qu'elles ſoient utiles,
» elles ſont toutes inutiles, non-ſeulement aux
» gens de bien, mais à toutes les perſonnes ſen-
» ſées.....

« Il faut regarder le général de l'égliſe & toute
» la poſtérité, & les petits inconvéniens particu-

» liers paroiffent peu de chofe , quand on eft
» occupé de ces vues plus étendues. Faute d'avoir
» ces vues générales , on laiffe perdre & diffi-
» per pour l'églife, tout ce que Dieu y a fait ,
» toutes les marques de fa préfence dans le
» monde & dans l'églife.

« La vérité eft que ces inconvéniens font affez
» rares , & qu'on n'a pas tant de fujet de les
» appréhender....

« Ceux à qui l'on rapporte ces fortes de *faits*
(& remarquez, Monfieur, que *Nicole* parle ici
de *faits* qui peuvent venir ou de Dieu, ou du
Démon, la fuite de fa lettre le montre) « ceux
» à qui l'on rapporte ces fortes de *faits* ne les
» méprifent point comme n'étant rien , mais
» comme étant faux, & ils prennent même la
» négligence que l'on a eue à les vérifier,
» comme une marque de fauffeté.....

« J'aurois crû rendre fervice à Dieu, en por-
» tant ce fait jufqu'à la derniere évidence....

« Les plus grandes chofes du monde devien-
» nent non-feulement inutiles, mais ridicules,
» faute d'être pouffées jufqu'à la certitude....

« Une vifion prouve peu, quoique vérifiée,
» & un évènement extérieur prouve beaucoup....

« La grande héréfie du monde n'eft plus le
» Calvinifme, ni le Luthéranifme, c'eft l'Athéifme,
» & il y a de toutes fortes d'athées, de bonne
» foi, de mauvaife foi, de déterminés, de vacil-
» lans & de montés....

« Les raisons spéculatives peuvent peu fur l'ef-
» prit de ces gens-là, elles n'y font qu'une im-
» preffion fombre.....

« Que gagnera t on, me direz vous quand on aura
» prouvé que ce *fait* eft vrai ? Vous gagnerez
» tout, car vous les forcerez de conclure qu'il
» y a un Dieu & un Diable & c'eft tout ce qu'ils
» ne croient pas.

« Et la chofe bien vérifiée prouve Dieu & le
» Diable, c'eft-à-dire, toute la religion...

Tel eft, Monfieur, l'avis de *Nicole* ; qu'en pen-
fez vous ? N'eft ce pas là de la bonne philofophie,
une philofophie lumineufe, pleine de fens & de
raifon, favorable au bien, à la fûreté publique, ca-
pable de procurer l'un & l'autre ? Si je cite un peu au
long, c'eft que cette morale a un rapport direct à
mes fentimens, ainfi qu'aux objets de notre démêlé.
Lifez & relifez la lettre qui la renferme. Il en eft
deux autres fur le même fujet dans un 3me volume. C'eft là que vous trouverez, Monfieur, un
fens profond, des principes fûrs , un chemin
abrégé pour arriver à l'utile, au vrai, & plût à
Dieu que, felon le vœu de *Nicole*, ces principes, dans toutes nos villes & provinces, fuffent,
comme autrefois ils l'ont été (les ordonnances
des Rois, des Parlemens, & de police le prouvent , le code de ceux qui ont en main l'autorité,
de tous les fupérieurs eccléfiaftiques & civils ! L'humanité en tireroit bientôt les fruits les plus heu-
reux. C'eft-là, dis-je, que vous verrez ce que c'eft

que le véritable *esprit d'observation*, esprit qui a
fait tant d'honneur aux grands Académiciens du
dernier siecle , mais esprit malheureusement perdu
dans celui-ci , siecle singulier sur qui tout glisse.

Je cours, Monsieur , à la fin de cet écrit :
votre second entretien commençant à la page
179 de votre *feuille* est, vous le savez, aussi
fictif que le premier. En somme, je ne vous ai
parlé ni de Sylphes, ni de Gnômes, Ondins ,
Féerie, &c., ni d'une éclipse, ni d'une comète,
ni d'un globe de lumiere qui , dites-vous, passa
sur Paris à onze heure du soir, il y a quelques
années, ni de *Linguet*, ni de *Leibnitz*, ni de
l'Abbé *Sabbathier*, ni de *Montagne* ni du chanoine Allemand nommé *Garner*. Si ce chanoine
a fait des cures miraculeuses , elles ont dû être
vérifiées, constatées , examinées; je ne vous ai
pas dit non plus que ce sont les Philosophes qui
suscitent les *Sorciers* : je soutiens au contraire
que ce sont les *Sorciers* de concert avec les Démons qui suscitent les Philosophes & j'entends les
mauvais, les demi-Philosophes, les Philosophes
impies, libertins & j'en connois d'une autre trempe.

En un mot, vous me mettez à la bouche dans
ces deux entretiens, un vrai galimathias, qui est,
non pas de moi , mais bien de vous, & dont
une mémoire meublée de choses fort ordinaires
a fait les frais. Votre production à cet égard ne
peut paroître à tout lecteur sensé , qu'un pur ver-
biage incapable même d'amuser, ou , pour mieux
dire, c'est un ennuyeux remplissage dont assez

fouvent les Auteurs de feuilles périodiques font
conrraints de payer la frivolité , ou, fi vous voulez , l'imbécillité de leurs abonnés, mais qui,
après tout, ne laiffe pas d'être de quelque produit.

Adieu, Monfieur, je crois ma dette acquittée,
&, comme je l'ai dit en commençant, convenez
avec moi, que, *mieux vaut tard que jamais.*

Je fuis, &c.

L'Abbé Fiard.

A Paris, Mars 1776.

M. *Muyard de Vouglans* très ancien Magiftrat a donné au public, en 1780, le *code des
loix criminelles*, in fol. dédié au Roi. Voici des
mots du mercure fur cet ouvrage , Décembre
1780 , N. 50 , p. 74.

» « La Magie eft auffi traitée dans ce livre , &
» l'Auteur ne manque pas de s'y élever dans le
» dernier paragraphe , contre l'impi té des Ecri-
» vains de nos jours , qui ont ofé écrire qu'il
» n'y avoit plus de Magiciens. Il a fait la def-
» fus un raifonnement que nous croyons très-
» chrétien , mais auquel il nous a été impoffible
» de rien comprendre ».

Ce font ces *mots* qui ont donné lieu à la lettre fuivante , laquelle contient des *chofes.* Elle a
été envoyée dans fon temps à Meffieurs les Auteurs du *Mercure*, mais ils n'imiterent pas le
procédé honnête de la plupart des Journaliftes ,
notamment de celui de *Verdun*, ainfi qu'on l'a
vu plus haut. Ils n'eurent pas la jufte complai-
fance de la rendre publique , quoiqu'on les en
eut prié : peut être furent ils empêchés par M. le
Cenfeur , & cet empêchement étoit fort ordinaire
quand un Auteur avoit à donner d'affez bornes
chofes fur certaines thèfes propres à répandre les
vraies lumieres,

LETTRE Vme

*A l'Auteur d'un article inféré dans le
Mercure du 9 Décembre 1730.*

EN lifant ce que vous dites, Monfieur, touchant *la Magie*, p. 74 du Mercure de Décembre dernier, dans le compte que vous rendez
des *loix criminelles*, rédigées par M. *de Vouglans*, feroit - ce fe tromper que de préfumer
qu'à l'exemple de ce refpectable Magiftrat, vous
n'avez pas la bonhommie de croire aux Sorciers;
& que votre intention eft de confirmer vos lecteurs dans cette moderne & très-honorable incrédulité ?

J'avoue, Monfieur, que fi, porter ce jugement,
c'eft une erreur, ç'en eft une que je partage avec
tous vos lecteurs. Cependant ce qui me raffure & ce
qui, à vos yeux même, doit me juftifier, ce font
ces mots que je lis, p. 28 de votre feüille du
7 Octobre précédent, *quand on. fonge quelles
fottifes ont été crues fur toute la terre, combien d'efprits foibles, ou bizarres, ont crû à la
Magie, combien il y eût en conféquence de ré-
glemens contre les Sorciers, &c..*

Ces mots, dis-je, prouvent fuffifamment, Monfieur, que je ne me trompe point en me per-

fuadant que les auteurs du Mercure ne croyent pas aux Sorciers, qu'ils regardent la magie comme une chimère, & comme des fots ceux qui y croient.

Mon deffein, Monfieur, n'eft pas de differter ici longuement; feulement j'ofe vous prier, puifqu'enfin le rôle que vous rempliffez, eft de répandre la lumiere, j'ofe vous prier d'éclairer l'humanité fur cet objet.

Depuis le commencement du monde jufqu'à ce fiecle, toutes les nations ont cru aux Sorciers. D'après des *faits averés*, d'après mille & mille aveux des coupables, tous les parlemens, tous les tribunaux ont rendu des jugemens, porté des arrêts, tous les légiflateurs ont décerné des peines contre la forcellerie : l'églife enfeigne que la Magie, c'eft-à-dire, la communication de certains hommes avec les Démons, communication dont ils fe fervent pour nuire, ou, pour faire des prodiges, eft un crime réel. Plus d'une fois la Faculté de Théologie de Paris l'a formellement décidé; faites donc voir une bonne fois, Monfieur, par raifons folides & plaufibles, l'abfurdité d'une telle croyance, ou bien indiquez-nous le livre lumineux qu'il faut dévorer pour avoir là-deffus des idées faines.

Je fais que depuis un fiecle, la phyfique a fait de grand progrès; on a multiplié les découvertes, perfectionné les arts, mieux connu les propriétés de la matiere, l'action de certains corps, leur force, leurs facultés, la caufe & les effets du mouvement. On a, en un mot, arraché à la nature des fecrets que depuis long-temps elle tenoit opiniâtrément cachés dans fon fein ; mais un homme qui diroit, il y a cent ans que l'on connoifloit à peine *l'électricité*, on ignoroit juf-qu'au mot *d'air fixe*, on ne favoit pas avec quelle célérité un corps quelconque peut être porté d'un point à un autre, & la vîteffe qu'il lui faut pour échapper à l'œil le plus perçant, la vertu de *l'ai-mant* n'étoit pas déterminée, aujourd'hui l'on eft inftruit fur tous ces articles, & fur mille au-tres que nos phyficiens ont mis dans le plus grand jour, donc il n'y a point de Démons, point d'efprits : la matiere en mouvement eft tout, opere tout dans l'univers ; on donnoit à la Magie ce qu'on devoit attribuer à la phyfique, donc il n'y eut jamais de Magiciens, il ne peut y en avoir.

Que vous en femble, Monfieur ; un homme qui raifonneroit ainfi, raifonneroit-il jufte ? Ses conclufions vous paroîtroient-elles bien liées à fes principes ? Vous en paroîtroient-elles bien déduites, & croyez-vous qu'elles fuffent avouées par Ariftote le corriphée de nos maîtres ès-arts ? Voilà cependant, au fujet des Sorciers, la triopmhante logique de nos grands génies.

Je parlois tout-à-l'heure, Monfieur, de *faits avérés*, & pour vous décider à prendre un parti, c'eft avec raifon que vous m'en demandez.

Vous n'êtes pas ſans doute de ceux qui ont dit à Paris, & imprimé que, ſi on leur aſ-ſuroit qu'il y a *à Paſſy* un reſſuſcité, ils ne feroient pas un pas pour aller voir. Si vous êtes de cette trempe, j'ai tout dit, je me courbe humblement & garde devant vous un reſpectueux ſilence. Mais non, le préjugé ne vous domine pas. Eh bien, ne ſerez-vous pas ſurpris ſi je vous en pré-ſente un de ces *faits* que vous demandez, & tellement *avéré*, tellement inconteſtable qu'impar-tial, comme vous l'êtes, vous ne puiſſiez le recuſer.

Voyez, Monſieur, dans le *traité de la police de M. de la Mare*, qu'un de vos coopérateurs appel-loit dernierement dans une de vos feuilles, *un chef-dœuvre*, & auquel l'Encyclopédie vous ren-voie au mot Sorcier; voyez la derniere page du livre 3, tit. 7. C'eſt la 532ème de l'édition de Paris 1705, 1er vol. in-fol., vous y lirez ces termes expreſſifs au ſujet du procès connu des bergers de Brie; *il y a preuve qu'Etienne Hoc-que*, alors empriſonné à la Tournelle, ayant prédit qu'il périroit, ſi on levoit le ſort, *il mou-rût en un inſtant, au même jour & à la même heure que le ſort fût levé*, &c. &c. (a). En conſé-quence, arrêt rendu par le Parlement de Paris,

____

(1) Saint-André, Medecin de Coutances, a voulu prou-ver dans ſes Lettres, que cette mort d'*Etienne Hocque*, n'avoit rien que de naturel. Voyez ſa réfutationdans le Journal de Trévoux. Décembre 1729.

en 1691. L'époque n'eſt pas de ce ſiecle, j'en conviens, elle n'eſt que du 17ᵉᵐᵉ, mais qu'en conclurrez-vous? Que les juges du ſiecle dernier étoient ſots ou méchans, qu'ils n'ont pas vu ce qu'ils ont vu, qu'ils n'ont pas entendu ce qu'ils ont entendu, qu'ils ont porté la ſtupidité ou la ſcélérateſſe juſqu'à faire périr des innocens, qu'en un mot ils n'ont rien ſu vérifier. Qui eſt-ce qui admettra de pareilles conſéquences ? ſûrement, Monſieur, ce ne ſeront pas les vôtres.

Je laiſſe là beaucoup d'autres *faits* de ce genre, dont les acteurs étoient de plus haut parage, *faits* qui, dans leur temps, furent conſtatés aux yeux de tout le royaume. Il en eſt qui ont eu pour témoins, même dans ce ſiecle, dans notre dix-huitieme ſiecle, des hommes très-inſtruits, de très-habiles médecins, tels que *Frédéric Hoffman*, mort en 1742, & autres plus modernes encore que je pourrois nommer. Le fait ſeul que je viens de rapporter, ſuffit à prouver, Monſieur, qu'*accuſer de foibleſſe, ou de bizarrerie ceux qui ont crû à la Magie*, c'eſt comme le dit votre feuille, c'eſt vraiment faire *un ſonge*. Ce fait ſuffit pour ébranler tout eſprit raiſonnable, & doit aider à aſſeoir un jugement. Portez-y le flambeau de la plus ſévere critique, examinez-le dans toutes ſes circonſtances, mais ſans paſſion, vous en ſerez étonné.

Que ſeroit-ce, & combien votre ſurpriſe n'augmenteroit-elle pas, ſi, remettant ſur le bureau

les

les pieces d'un procès beaucoup plus célebre, j'avançois devant vous que *Grandier*, le fameux *Grandier*, fût réellement *Magicien*, dans toute la force & l'étendue du terme, que *Gayot de Pitaval* & tous ceux, fans exception, qui, après lui, ont écrit fur *Grandier*, ayant été trompés, ont trompé le public; que *l'Hiftoire des Dia-bles de Loudun*, où ils ont puifé pour le jufti-fier, eft un tiffu de menfonges; que le nommé *Aubin* calvinifte qui a forgé cette hiftoire en Hollande, plus de foixante ans après le fupplice de *Grandier*, ne mérite aucune croyance; que le trait en particulier du crucifix de fer dont il dit qu'on le frappa, eft une fable, auffi bien que celui de la calotte fufpendue à la voute; que M. *de Lau-bardemont* & fes adjoints n'étoient ni des efprits foibles, ni des hommes vendus à l'iniquité; que c'étoient au contraire les juges les plus intégres, les plus éclairés, les plus religieux; que *le car-dinal de Richelieu*, eût-il voulu fe venger de *Grandier*, n'avoit pas befoin pour le faire périr, de recourir au crime de *Magie*, puifqu'il y en avoit mille autres fur fon compte; que *Bayle* même, quoiqu'ayant écrit après *Aubin*, femble, à la fin de fon dictionnaire critique, au mot *Grandier*, croire celui-ci vraiment coupable de ce crime; que la poffeffion des *religieufes* de *Loudun* eft démontrée; enfin que le prétendu ma-nufcrit confervé en Sorbonne, touchant cette affaire, n'aura jamais d'autorité, tant qu'il ne

D

fera pas produit ; qu'il n'est nullement authen-
tique ; que l'on peut & doit douter de son existence, & que, fût-il mis au jour, il ne résistera
pas à *l'examen & discussion critique* de la soi-
disant *histoire*, &c. ouvrage solide, imprimé chez
Debure en 1747, dont quelques écrivains très-
peu philosophes ont beau dire qu'il y a peu de
philosophie, & dans lequel tout ce que je viens
d'avancer est porté jusqu'à l'évidence, pour quiconque ne veut pas s'aveugler ou s'étourdir ?

Oui, Monsieur, je puis faire toutes ces asser-
tions, & je les fais sans crainte que qui que ce
soit me refute, sans crainte de passer pour un
homme à paradoxe : il y a plus, je défie de prouver que de tous les arrêts de mort portés *juri-
diquement & selon les loix,* pour le crime de
Sorcellerie, un seul ait été injuste, & que l'accusé ait péri innocent.

Plusieurs, il est vrai, ont été accusés à tort
par le peuple, & cités, si l'on veut, en justice pour
ce crime ; mais qu'un seul ait été condamné sur
cette simple dénonciation, c'est ce qui ne se prou-
vera jamais ; en vain rappelleroit-on ici les an-
ciennes épreuves de l'eau & du feu, je ne parle
que des procédures faites en bonne forme.

Je finis, Monsieur, en revenant à M. *de Vouglans.* Le raisonnement *très-chrétien*, dites-vous,
qu'il a fait sur la *Magie*, & auquel il vous a été
impossible de rien comprendre, ne paroît cependant pas si incompréhensible. Les incrédules lui ob-
ectent qu'on ne voit plus de Sorciers, depuis qu'on

n'y croit plus , & qu'il faut en conclure qu'il n'y en eût jamais, ou que, s'il y en eût , ils n'étoient pas Sorciers véritables. Ce digne Magiftrat s'appuie d'abord fur l'autorité de l'églife qui croit qu'il y en a en tout temps ; puis il ajoute « C'eft en effet l'incrédulité actuelle qui peut-être eft la caufe qu'on ne voit plus de Sorciers. Il entre dans les pratiques magiques beaucoup de chofes qui tiennent à la religion, comme font des croix, des hofties, des cierges bénis, &c. Et il y a longtemps que la multitude n a plus de foi à tout cela (graces à vous , Meffieurs les incrédules) l'incrédulité même peut donc avoir contribué à éteindre cette engeance, & il eft aifé de rétorquer contr'elle fon objection ». Tel eft le raifonnement de M. *de Vouglans.* Eft-il donc fi fort incompréhenfible ?

Je conviens qu'une réponfe plus fimple & plus vraie, feroit celle - ci , & M. *de Vouglans* pouvoit la faire... L'incrédulité eft bien fûrement la caufe, non qu'il n'y a plus de fortiléges, mais qu'on n'en voit plus. Pourquoi ! c'eft que , comme l'on ne croit plus ni Dieu , ni Diable , ce crime le plus ténébreux, & le plus difficile à découvrir , ne fubit aucune recherche.

Voilà, Monfieur , ce que l'amour du vrai m'infpire de vous écrire ; je ne doute pas que jaloux d'étendre fon regne & animé de l'efprit d'un généreux philofophe, vous ne rendiez publique cette lettre. C'eft, vous le favez, du conflit des opinions oppofées que part la lumiere, ainfi qu'elle jaillit du choc de certaines pierres, & s'il eft décidé que la Société puiffe avoir dans fon fein des hommes de l'efpece de ceux dont eft ici queftion , & puifqu'elle en a eû, elle peut en avoir encore : lui cacher cette grande vérité, c'eft fe rendre coupable de haute trahifon.

Je fuis , &c.

. *à Dijon Février 1781.*

L'Abbé FIARD.

Le Journal de Trévoux , Septembre 1732 , page 1589, dit de la requéte fuivante en termes exprès : « *Cette* piece *eft* curieufe & convaincante ». *C'eft en rendant compte d'un petit livre intitulé :* Traité de la Magie , par M. Daugis , chez Frault, quai de Gévres 1732, où cette requéte fe trouve.

Cette épithete de curieufe , *ainfi que toute la piece , cadrant merveilleufement avec le fujet des lettres préfentes , on ne doit pas être furpris de trouver ici l'une & l'autre , rien ne s'eft jamais rencontré plus à propos.*

· *La même requéte a été auffi imprimée en 1731 , dans un recueil de lettres au fujet des maléfices & du fortilege fervant de réponfe aux lettres d'un fieur de Saint-André , medecin de Coutances, par le fieur Boiffier , chez Brunet , quai des Auguftins. Ledit Saint-André avoit déja été refuté dans le Journal de Trévoux , Décembre 1726.*

REQUÊTE

DU PARLEMENT DE ROUEN,

AU ROI,

en 1670.

SIRE,

Votre Parlement remontre très-humblement à votre Majesté, qu'étant de son devoir, dans l'autorité qu'il lui a plu lui commettre dans la province de Normandie, de procéder à la punition des crimes, & particuliérement de ceux qu'on peut appeller de lèze Majesté divine, *qui vont à la destruction de la religion, & à la ruine des peuples,* & se sentant, Sire, dans l'obligation de lui en

D 3

rendre compte, il ne pourroit laisser
passer une lettre venue de sa part,
adressant à votre *procureur général* ;
pour la surséance à l'exécution de certains malfaiteurs condamnés à mort
pour sortiléges, & de toutes instruc-
tions & procédures contre beaucoup
d'autres accusés de pareils crimes, sans
lui en faire remarquer les conséquen-
ces ; ainsi, que d'une lettre de votre
Secrétaire d'état, qui porte que l'intention de votre Majesté est de com-
muer la peine de mort de ces condamnés, en un bannissement perpétuel de votre province, & de sur-
seoir toutes procédures à l'égard des
autres prisonniers, & que votre premier président eût à assembler les
plus habiles officiers de votre Parlement avec votre *procureur général*,
pour examiner sur la matiere de sor-

tilége, fi la jurifprudence de ce parlement doit être plutôt fuivie, que celle
du Parlement de Paris, & des autres du
royaume, qui jugent différemment.

Quoique par les ordonnances des
Rois vos prédeceffeurs, il foit dé-
fendu, Sire, à vos Parlemens de dé-
férer aux lettres-de-cachet; néan-
moins la connoiffance que l'on a par
tout le royaume des foins avec lefquels votre Majefté s'applique à tout
ce qui regarde le bien de fes fujets
& la foumiffion & obéiffance que votre Parlement apporte à l'exécution
de vos commandemens lui ont fait
furfeoir toutes procédures conformément à vos ordres, efpérant que votre
Majefté *confidérant l'importance de
ce crime, & les conféquences de fon
impunité,* lui redonneroit la liberté

D 4

de continuer l'inftruction & le jugement des accufés.

Cependant, Sire, depuis la lettre de votre fecrétaire d'Etat, étant
venu une déclaration de votre Majefté qui commue la peine de mort
jugée contre les condamnés en un
banniffement perpétuel hors de la
province , avec rétabliffement en
leur bonne fame & renommée ,
& en la poffeffion de leurs biens.
Votre Parlement a cru, Sire, pour
fatisfaire aux intentions de votre
Majefté , que comme il s'agiffoit
d'un des plus grands crimes qui
fe puiffent commettre, il devoit vous
envoyer le fentiment général & uni-
forme de toute la compagnie , puifqu'il y alloit de la gloire de Dieu,
& du *foulagement de vos peuples qui
gémiffent fous la crainte des menaces*

de ces ortes de perſonnes, deſquelles
ils reſſentent journellement les effets
par des maladies mortelles & extraordinaires, & par les pertes ſurpre-
nantes de leurs biens.

Votre Majeſté, Sire, eſt bien
informée qu'il n'y a point de crime
ſi oppoſé à Dieu que celui du ſortilége, *qui détruit les fondemens de
la Religion, & tire après ſoi d'é-
tranges abominations.* C'eſt par cette
raiſon, Sire, que l'Ecriture prononce
des peines de mort contre ceux qui
les commettent, & que l'égliſe & les
SS. PP. ont fulminé leurs anathêmes
pour eſſayer de les abolir ; que les
déciſions canoniques ont décerné
leurs plus grands châtimens pour en
détourner l'uſage, & que l'égliſe de
France animée par la piété des Rois
vos prédéceſſeurs en témoigne une

fi grande horreur, que n'ayant pas
cru que les prifons perpétuelles qui font
la plus grande peine qu'elle puiffe
impofer, fuffent fuffifantes, elles les
a renvoyés à la juftice féculiere.

Ç'a été auffi le fentiment général
de toutes les nations, de les con-
damner au fupplice, & tous les anciens en ont été d'avis. La loi des
douze tables qui a été le principe
des loix romaines, ordonne la même
punition; tous les jurifconfultes y
font conformes, ainfi que les conf-
titutions des empereurs, & notamment celles de Conftantin & de Théo-
dofe, qui éclairés des lumieres de
l'évangile, non-feulement renouvel-
lerent les mêmes peines, mais auffi
défendirent de les recevoir appelans
des condamnations contr'eux jugées,
& les déclarerent même indignes de

l'indulgence du prince. Et Charles VIII, Sire, infpiré des mêmes fentimens, fit cette belle & févere ordonnance, qui enjoint aux juges de les punir felon l'exigence des cas, à peine d'amende & de privation de leurs charges ; *ordonne que ceux qui ne les déclareront pas, feront punis comme complices,* & de récompenfer au contraire les dénonciateurs.

Par cette confidération, Sire, & pour l'exécution d'une fi fainte ordonnance, vos Parlemens par leurs arrêts proportionnent les peines aux preuves des procès qui fe préfentent à juger, & celui de votre province de Normandie n'a point trouvé jufqu'ici que fa jurifprudence fut différente de celle de vos autres Parlemens, puifque tous les livres qui traitent de cette matiere rapportent

D 6

une infinité d'arrêts, qu'ils ont rendus pour la condamnation de plufieurs Sorciers & Sorcieres au feu &
à la roue , & à d'autres fupplices, fous
Chilperic , rapportés par Grégoire de
Tours , liv. 6, chap. 35 , de fon
hiftoire de France.

Tous les arrêts du Parlement de Paris,
rendus fuivant & conformément à cette ancienne jurifprudence de ce royaume , rapportés par Imbert dans fa pratique judiciaire : tous ceux rapportés
par Monftrelet en 1459 contre des
accufés d'Artois ; les arrêts du même
Parlement du 13 Octobre 1573 , contre Marie le Fief, native de Saümur ;
du 21 Octobre 1596 , contre le fieur
de Beaumont, qui ne fe défendoit de
s'être fervi de fes fecrets , que pour
lever les maléfices , & foulager les
maladies; du 4 Juillet 1606, contre
François du Bofe ; ceux du 20 Juil-

let 1580 & 1582, contre Abel de la Rue, natif de Coulomiers ; du 2 Octobre 1593 contre Rousseau & sa fille ; de 1608, contre les nommés Rousseau & Peley, pour maléfices & adorations du démon au sabath , sous la figure du bouc, confessés par les accusés; l'arrêt du 4 Février 1615 , rendu contre un nommé Leclerc, appellant de sentence du jugement d'Orléans, qui fut condamné pour avoir assisté au sabath , & confessa , ainsi que deux de ses complices qui moururent en prison , l'assistance du grand homme noir , l'adoration du bouc, les conjonctions illicites , les sacrifices , *la renonciation aux crême & baptême ,* les danses dos-à-dos, toutes circonstances reconnues & rapportées aux procès qui sont présentement à juger au parlement de Normandie ;

les arrêts du 6 Mai 1616, contre un nommé Leger pour une même accusation ; la grace donnée par Charles IX au nommé *Trois-Echelles*, condamné à mort, à condition de révéler ses complices ; l'arrêt du même Parlement de Paris, rapporté par Mornac en 1595.

Les jugemens rendus en conséquence de la commission adressée par le Roi Henri IV, au sieur de l'Ancre Conseiller au Parlement de Bordeaux, du 20 Mars 1619, contre Etienne Audibert; ceux de la chambre de l'Edit de Nerac, du 26 Juin 1620, contre plusieurs accusés ; ceux rendus au Parlement de Toulouse, en 1577, rapportés par Grégoire Tolosanus contre quatre cens accusés de ce crime, tous marqués d'une marque insensible, depuis lesquels de l'Ancre atteste qu'il s'en est

rendu plufieurs au Parlement de Pro-
vence, & notamment celui de *Gaufredy* en 1611; quantité d'autres arrêts en votre Parlement de Dijon
& en celui de Rennes, fuivant l'e-
xemple de la condamnation du *Maréchal de Retz*, en 1441, qui fut
brûlé en préfence du duc de Bre-
tagne, pour crime de Magie; tous
ces arrêts font foi, que l'accufation de fortilége eft reçue & pu-
nie de mort dans tous les Parlemens
de votre Royaume, & juftifient l'u-
niformité de leur jurifprudence.

Ce font-là, Sire, les motifs fur
lefquels votre Parlement s'eft fondé,
pour rendre les jugemens de mort
contre ceux qui fe font trouvés convaincus de ce crime; & fi depuis
quelque temps aucuns de ces Parlemens, & même celui de votre province de Normandie, ont en plu-

ſieurs rencontres, condamné en moin-
dre peine que de la mort quelques
accuſés de ſortilége , c'eſt qu'ils ont
conformé leurs jugemens aux preuves rapportées par les procès ; votre
Majeſté & les Rois vos prédéceſſeurs
ayant bien voulu laiſſer la liberté à
ceux qu'elle a commis pour rendre
juſtice à ſes peuples , de déterminer
ſur le genre de peines, ſur la qualité & nature des charges , n'y ayant
jamais eu ni par aucune loi, ni par
vos ordonnances , ni même par les
conſtitutions des empereurs, qui ont
ordonné ſéverement de ce crime ,
aucunes maximes générales établies
pour régler que les preuves ſont ſuf-
fiſantes pour la condamnation des
accuſés de quelque crime que ce ſoit,
n'y en pouvant avoir, les preuves dé-
pendant abſolument des circonſtances des procès.

Après tant d'autorités & de punitions ordonnées par les loix divines & humaines, votre Majesté, Sire, est très-humblement suppliée de faire encore réflexion *sur les effets extraordinaires*, qui proviennent des maléfices de ces sortes de gens, *sur les morts & maladies inconnues*, précédées le plus souvent de leurs menaces, *sur la perte des biens de vos sujets*, sur l'expérience de l'insensibilité des marques, sur les transports des corps, *sur les sacrifices & assemblées nocturnes*, rapportées par les anciens & nouveaux auteurs, vérifiées de plusieurs témoins oculaires, tant des complices que de ceux qui n'ont aucun intérêt au procès, & confirmées d'ailleurs des reconnoissances de beaucoup d'accusés; & cela, Sire, avec une telle conformité des uns aux autres, que les plus ignorans qui ont été convaincus de ce crime, ont parlé avec les mêmes ciconſtances, & de la même maniere que les plus célebres auteurs qui en ont écrit, ce qu'il eſt aiſé de juſtifier à votre Majeſté par quantité de procès qui ſont dans votre Parlement.

Ce ſont, Sire, des vérités tellement jointes avec les principes de la religion, que quoique les effets en ſoient extraordinaires, perſonne juſqu'ici n'a pû les mettre en queſtion; & ſi l'on a voulu oppoſer à ces maximes le prétendu canon du concile d'Ancyre, & un paſſage de S. Auguſtin, au traité de l'eſprit & de l'ame, ç'a été ſans fondement, étant aiſé de faire voir à votre Majeſté, que ni l'un ni l'autre ne doit faire aucune impreſſion; car, outre que ce canon, dans le ſens que

l'on veut lui donner , feroit contraire à tous les conciles qui l'ont
fuivi , le Cardinal Baronius & tous
les favans conviennent , qu'il ne fe
trouve en aucune ancienne édition ;
en effet , dans celles où il eft employé , il eft dans une autre langue ,
& eft contraire au canon XXIII du
même concile , qui condamne les
forciers , fuivant les précedentes conf-
titutions ; & d'ailleurs , quand ce canon feroit effectivement du concile
d'Ancyre , il faut remarquer qu'il fut
fur la fin du fecond fiecle , où la
principale attention de l'églife étoit
alors de détruire le paganifme. Pourquoi il condamne ces fortes de femmes qui difoient aller par les airs ,
& paffer des pays immenfes avec
Diane & Herodias , & enjoint pour
cet effet à tous prêtres de prêcher
la fauffeté de cette opinion pour

détruire l'adoration de ces fauffes di-
nités; *mais il ne détruit pas le pou-*
voir du démon pour le tranfport du
corps , qui n'eft que trop conftant
par l'évangile même de Jefus-Chrift.
Et à l'égard , Sire , du prétendu paffage de faint Auguftin , tout le
monde fait qu'il n'eft pas de lui,
puifqu'il cite Boëce qui eft mort plus
de quatre-vingts ans après lui; &
ce qui en doit convaincre , c'eft que
le même Pere établit la vérité du fortilége dans tous fes écrits, & particuliérement dans celui de la cité de
Dieu , & en fon premier volume ,
queftion 25 , où il convient *que le*
fortilége eft une communication de
l'homme avec le démon , que les chré-
tiens doivent avoir en horreur.

Après toutes ces confidérations ,
Sire, les Officiers de votre Parlement efperent de la juftice de votre

Majefté, qu'elle aura agréables les très-
humbles repréfentations qu'ils prennent la liberté de lui faire, & qu'é-
tant obligés, *pour l'acquit de leur con-
fcience* & du devoir de leurs charges,
de lui faire connoître que les arréts
qui font intervenus au jugement des
forciers de fon reffort, ont été rendus
avec une mûre délibération de ceux
qui y ont affifté, & que n'ayant rien
fait que de conforme à la jurifprudence univerfelle du royaume, &
pour le bien de fes fujets, *dont aucun ne fe peut dire à couvert de leurs
maléfices*, elle voudra bien fouffrir
l'exécution des arréts, en la forme
qu'ils ont été rendus, & leur per-
mettre de continuer l'inftruction &
jugement des procès des perfonnes
accufées de fortilége, & que la piété
de votre Majefté ne fouffrira pas
que l'on introduife durant fon regne

une nouvelle opinion contraire aux principes de la religion, pour laquelle, Sire, votre Majesté a toujours si glorieusement employé ses soins & ses armes.

Il y eut & il y aura toujours des hommes protecteurs des Diables & Sorciers. Ou bien, ils sont de connivence avec eux, ou bien même, ils n'y croient pas ; & c'est grandement les protéger que de ne pas y croire.

L'auteur des observations sur *Henris*, paroît avoir été dans ce dernier cas, lorsqu'il vient à parler de la Requête qui précéde ; mais voici ce que lui répond Rousseau de la Combe dans son *Traité des matieres criminelles*, p. 91, 5eme édition 1757.

« L'Auteur des observations sur
» *Henris* nous apprend qu'en 1672,
» le Roi donna un arrêt de son con-

» feil, par lequel il fut enjoint à ce
» Parlement (de Rouen) de relâ-
» cher ces accufés (de Sorcellerie).
» Cet Auteur ajoute, que cet arrêt
» eut le pouvoir de faire taire le
» Démon , & que depuis ce temps-
» là on n'a plus entendu parler
» de Sorciers en Normandie: mais
» il eſt à croire que cet auteur n'a
» pas été bien informé, car on
» trouveroit pluſieurs arrêts au greffe
» criminel de ce Parlement, par
» leſquels ces fortes de criminels
» ont été condamnés au dernier
» fupplice, fi ce n'a pas été comme
» Sorciers ou Magiciens , du moins
» ç'a été pour maléfices , impiétés ,
» irréligion ».

Il réfulte de cette réponfe de *Roußeau de la Combe*, que les re-giſtres du greffe criminel du Par-lement de Rouen , poſtérieurs à

1672, pourroient fort bien prouver
que l'assertion de l'Auteur des observations sur *Henris*, est absolument
fausse, il ne s'agit que de les com-
pulser ; au reste que l'on compulse
ceux du Parlement de Paris : voici
comme s'en expriment les journa-
listes de Trevoux, Octobre 1732,
page 1680.

« On s'est laissé persuader que le
» Parlement de Paris ne reconnoît
» point de Sorciers ; c'est une er-
» reur démentie par cent arrêts con-
» traires ».

Le journaliste rendoit compte de
*l'histoire critique des pratiques super-
stitieuses*, par le pere Lebrun de l'O-
ratoire.

F I N.